KB182082

Hello Coding
한입에 쏙 파이썬

김왼손, 김태간 지음

한빛미디어
Hanbit Media, Inc.

Hello Coding 한입에 쏙 파이썬 : 크리에이터 김왼손의 쉽고 빠른 파이썬 강의

초판 1쇄 발행 2018년 6월 20일
초판 5쇄 발행 2023년 3월 15일

지은이 김왼손, 김태간 / **펴낸이** 김태헌
펴낸곳 한빛미디어(주) / **주소** 서울시 서대문구 연희로 2길 62 한빛미디어(주) IT출판1부
전화 02-325-5544 / **팩스** 02-336-7124
등록 1999년 6월 24일 제25100-2017-000058호
ISBN 979-11-6224-085-4 94000, 978-89-6848-352-3(세트) 94000

총괄 배윤미 / **책임편집** 이미향 / **기획 · 편집** 조희진
디자인 이아란 / **일러스트** YONZ / **전산편집** 이경숙
영업 김형진, 장경환, 조유미 / **마케팅** 박상용, 한종진, 이행은, 고광일, 성화정 / **제작** 박성우, 김정우

이 책에 대한 의견이나 오탈자 및 잘못된 내용에 대한 수정 정보는 한빛미디어(주)의 홈페이지나 아래 이메일로 알려주십시오. 잘못된 책은 구입하신 서점에서 교환해 드립니다. 책값은 뒤표지에 표시되어 있습니다.

한빛미디어 홈페이지 www.hanbit.co.kr / 이메일 ask@hanbit.co.kr

프로그래밍이 처음이라면, Hello Coding!

Hello Coding?

프로그래밍이 처음인가요? 배운 적은 있지만, 재미를 느끼지 못했다고요?

그래서 〈Hello Coding〉 시리즈를 준비했습니다!

이 시리즈의 목표는 '쉽고', '재미있게', '끝까지' 책을 읽는 데 있습니다.

이 책 한 권으로 프로그래밍의 고수가 될 수는 없겠지만, 프로그래밍의 재미는 확실하게 느낄 수 있을 겁니다.

이제 시작해 볼까요?

이 책을 추천합니다

가장 쉽고 재미있는 파이썬 책!

단언컨대 여태껏 내가 본 수많은 파이썬 책 중 가장 쉽고, 재미있는 책이다. 무엇보다 파이썬이라는 프로그래밍 언어를 처음 접하는 사람들, 코딩에 처음 흥미를 가지는 사람들에게 적극적으로 추천해주고 싶다. 누구나 알 법한 앨리스를 사용하여 이 책의 주제인 코딩과 재미있게 합친 저자의 아이디어가 돋보인다. 이 책을 펼쳐 예제를 따라 하다 보면 어느새 키보드를 두드리며 파이썬에 푹 빠져있는 자신을 보게 될 것이다.

황성주 / 유튜브 학생 구독자

재미없는 코드를 스토리로 재탄생시킨 파이썬 교과서

나는 이 책에 '재미없는 코드를 스토리로 재탄생시킨, 속이 꽉 찬 파이썬 교과서'라는 부제를 붙여주고 싶다. 초등학생, 중학생이 읽어도 될 정도로 쉽고, 공대생들이 파이썬에 입문할 때 읽어도 손색없는 책이라고 생각한다. 읽다 보면 '파이썬이 그렇게 어려운 게 아니구나'라는 느낌을 받을 수 있다. 재미없고, 따분한 코드로 익히는 파이썬은 어렵다. 이제부터는 스토리로 파이썬을 쉽게 배우자!

최지욱 / 유튜브 학생 구독자

이유식을 떠먹여주듯이 친절하다

초심자에게 어려운 단어를 아무렇지도 않게 사용하는 다른 프로그래밍 서적과는 다르다. 프로그래밍의 기초 개념을 이해하기 쉬운 생활 속 언어로 자연스럽게 다가온다. 마치 엄마가 아기에게 이유식을 떠먹여주듯이 친절하게 개념을 하나하나 설명한다. 파이썬뿐만 아니라 프로그래밍 기초 서적으로 보기에도 손색이 없다. 토끼굴로 떨어진 앨리스를 도와주다 보면 어느새 책 한 권이 끝나있을 것이다.

김태욱 / 산업공학과 졸업

지레 겁먹은 입문자에게 추천한다

저자인 김왼손 님은 대학생 시절 프포자였다고 한다. 그런 경험 때문일까? 이 책은 프로그래밍을 어려워하거나 경험이 없는 사람이 어떤 부분에서 막히는지를 잘 이해하고 있다. 파이썬은 물론 다른 언어 또한 접해본 적이 없었던 나는 책 속의 친근하고 세심한 설명과 〈이상한 나라의 앨리스〉에 녹여낸 예제와 연습문제를 하나하나 따라가면서 파이썬에 푹 빠졌다. 시작도 해보기 전 프로그래밍은 어려울 것이라고 지레 겁을 먹은 입문자에게 이 책을 추천한다.

김지흔 / 의류디자인학과에서 컴퓨터공학과로 전과

말 그대로 정말 '한입'짜리 책

이렇게 읽기 쉬운 프로그래밍 서적은 처음이었다. 앨리스의 모험, 동물들의 수다, 카드 병사들의 잔망스러움에 원고를 읽으며 종종 아빠 미소를 지었다. 곳곳에 숨어 있는 센스 있는 예제 덕에 프포자도 파이썬을 하나의 놀거리로 접근할 수 있으리라 본다. 파이썬 스터디 멘토로 활동해본 경험에 비추어 이보다 더 파이썬을 쉽게 풀어낼 수 없을 듯하다. 이 책을 통해 '코딩은 전공자의 전유물이 아니다'라는 점을 다시 한 번 깨달았다.

손원준 / 비전공자를 위한 파이썬 스터디 멘토

용어와 구성 모두 초보자에게 세심한 입문서

초보자를 위한 파이썬 유튜브 강의로 유명한 자칭 '잉끼 유튜버' 김왼손 님의 첫 저서이다. 프로그래밍 경험이 전혀 없는 사람을 위한 책으로, 우리에게 익숙한 동화인 〈이상한 나라의 앨리스〉를 활용한 친숙한 내용 전개와 입문자의 눈높이에 맞춘 설명이 인상적이다. 용어와 구성 모두 입문자가 이해하기 쉽도록 세심하게 신경 쓴 흔적이 엿보인다. 어려운 용어는 최대한 풀어서 설명했고, 각 장의 마지막에 나오는 정리하기와 연습문제를 통해 배운 것을 쉽게 확인할 수 있어서 특히 좋았다.

이요셉 / IT도서 베타테스트, 리뷰 전문

이 책을 보면?

+ 프로그래밍을 처음 접하는 초등학생 이상 누구나 간단한 프로그래밍을 할 수 있다.
+ 스토리텔링을 통해 지겹지 않게 끝까지 프로그래밍에 입문할 수 있다.
+ 파이썬을 익힌 다음 최신 트렌드(인공지능, 사무자동화 등)를 익힐 수 있다.

이 책을 읽은 다음 보면 좋을 책

파이썬을 좀 더 깊이 학습하고 싶다면

파이썬 기초 문법 후 최신 트렌드를 따라가고 싶다면

혼자 공부하다 궁금증이 생겼다면?

김왼손의 왼손코딩 유튜브 채널

저자의 도움이 필요하다면 유튜브 채널에 방문해보세요.
저자의 직강과 라이브QA가 준비되어 있습니다.
https://www.youtube.com/khim_academy

소스 코드 내려받기

다음과 같은 방법으로 다운로드 받을 수 있습니다. 또는 http://series.hanbit.co.kr로 접속해서 'Hello Coding × 첫걸음 시리즈'를 클릭한 다음 'Hello Coding 한입에 쏙 파이썬' 도서를 선택해도 됩니다.

1. 한빛미디어(www.hanbit.co.kr)에 접속하여 ❶ [검색] 버튼을 클릭하고 ❷'Hello Coding 한 입에 쏙 파이썬'이라고 입력합니다.

2. 'Hello Coding 한입에 쏙 파이썬' 도서를 선택하면 왼쪽과 같은 화면이 나타납니다. ❸ [부록/예제소스] 메뉴를 클릭하고 예제소스 ❹ [다운로드] 버튼을 눌러서 예제소스를 내려받으세요.

학습로드맵

'쉽고', '재미있게', '끝까지'

1일차 0~1장

1 파이썬 시작

- 파이썬 설치하기
- 기본 개발 환경

2일차 2~3장

2 재료와 재료 모으기 I

- 숫자형
- 문자열
- 변수
- 주석
- 리스트

3일차 4장

3 반복하기 I

- IDLE 에디터
- for 기본 구조
- 들여쓰기

4일차 5장

4 조건 판단하기

- 참과 거짓
- if 기본 구조
- 여러 조건 판단하기

5일차 6장

반복하기 Ⅱ

5

- while 기본 구조
- 입력을 받는 방법
- 넘어가기와 멈추기
- 무한 반복하기

6

6일차 7장

재료 모으기 Ⅱ

- 튜플 기본 구조
- 패킹과 언패킹
- 딕셔너리 기본 구조

7일차 8장

함수

7

- 함수의 종류
- 함수 기본 구조
- 모듈

끝

한입에 쏙! 하루만에 이 책을 다시 읽는 방법!

각 장 마지막에 정리된 한입에 쏙을 살펴보세요.
0장과 1장은 파이썬에 대한 설명과 설치 과정이라 빠졌습니다.

- 2장 37쪽
- 3장 60쪽
- 4장 84쪽
- 5장 109쪽
- 6장 134쪽
- 7장 157쪽
- 8장 182쪽

프로그래밍이 처음이라면,
Hello Coding!

이 책의 구성

이 책은 입문자가 쉽게 읽고 따라 할 수 있도록 구성했습니다. 본문 내용은 단계별로 전개되며, 새로운 개념이 나오면 바로바로 설명하거나 어느 장에 설명되어 있는지 언급해두었습니다. 본문 예제를 비롯 연습문제, 요점정리, 프로젝트를 통해 중요 개념을 반복해서 학습합니다.

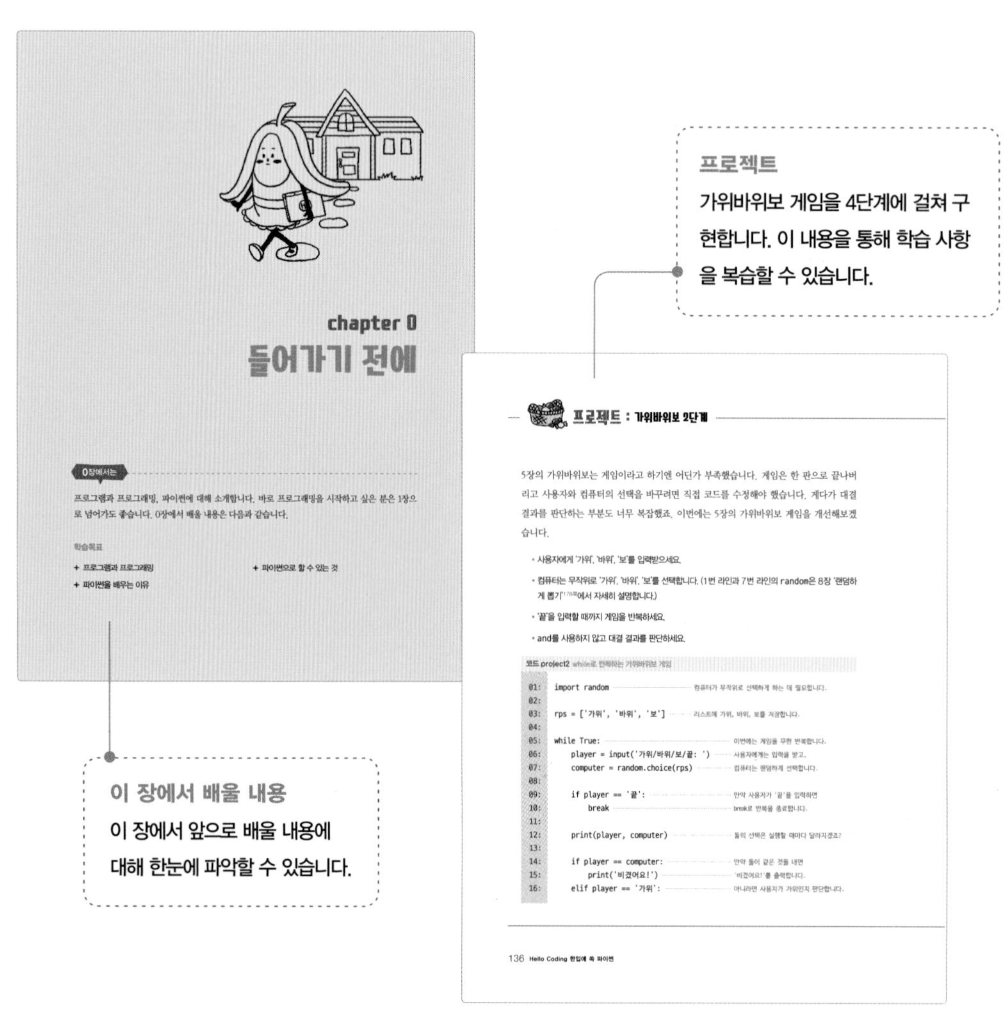

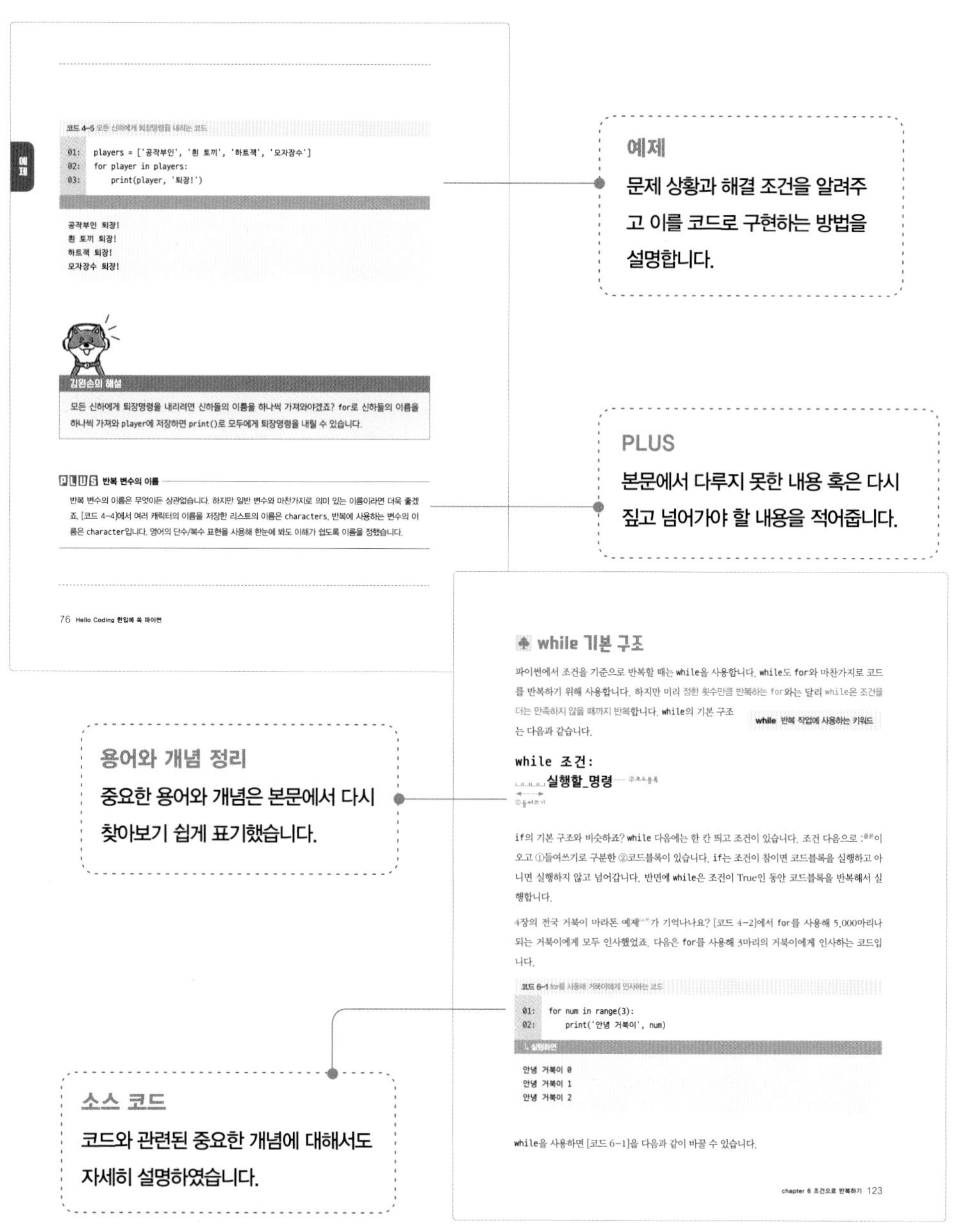
예제
문제 상황과 해결 조건을 알려주고 이를 코드로 구현하는 방법을 설명합니다.
PLUS
본문에서 다루지 못한 내용 혹은 다시 짚고 넘어가야 할 내용을 적어줍니다.
용어와 개념 정리
중요한 용어와 개념은 본문에서 다시 찾아보기 쉽게 표기했습니다.
소스 코드
코드와 관련된 중요한 개념에 대해서도 자세히 설명하였습니다.

서문

프로그래밍은 어렵다

컴퓨터공학과를 다녀본 적이 있나요? 저는 있습니다. 컴퓨터공학과는 여느 전공처럼 적성이 맞지 않아 힘들어하는 학생들이 가득한 평범한 곳입니다. 막연히 게임이 좋아 별 고민 없이 선택한 전공 탓에 하루에도 몇 번씩 한숨을 쉬었습니다. 저는 상당히 노력하는 사람이라고 자부하지만, 프로그래밍만큼은 좀처럼 친해지기 어렵더군요. 결국 학교를 다니는 내내 프로그래밍 과목은 어떻게든 피해 다녔고, 조별 과제가 나오면 발표만 도맡아 했습니다.

파이썬을 처음 만난 건 우연히 참가했던 2시간짜리 세미나에서였습니다. 세미나를 듣는 동안 '이 정도면 나도 할 수 있겠는데.' 했는데, 정말로 생각한 것을 금방 만들 수 있었습니다. 대단한 프로그램은 아니었지만 그래도 다른 언어로는 쉽지 않았을 작업이었습니다. 프로그래밍을 하며 즐거움을 느낀 것도 처음이었습니다. 조금만 더 일찍 파이썬을 만났더라면 제 대학 시절이 조금은 덜 괴로웠을지도 모르겠습니다.

세상에는 어려운 일이 참 많습니다. 쉬운 프로그래밍 책을 쓴다면서 새삼 이런 말을 하긴 그렇지만, 프로그래밍을 배우는 건 어렵습니다. 사람의 언어인 외국어를 배우는 것도 어려운데 하물며 컴퓨터의 언어는 더하면 더했지, 덜하지는 않겠죠. 파이썬도 다른 언어에 비교해서 쉬운 거지, 처음 배우는 사람에게는 어려울 수밖에 없습니다.

『Hello Coding 한입에 쏙 파이썬』은 바리스타인 아내에게 파이썬을 가르쳐주며 그 내용을 정리한 것입니다. 수많은 비전공자에게 파이썬을 가르치며 '이보다 더 쉽게 가르칠 순 없어!' 하고 나름 자부했지만, 아내는 항상 제 기대(?)를 뛰어넘었습니다. 이때 얻은 노하우도 빠짐없이 책에 담았습니다.

공부를 잘하는 사람은 못 하는 사람을 잘 이해하지 못합니다. 프로그래밍도 마찬가지입니다. 이 책을 쓰는 동안 처음 프로그래밍을 배웠을 때의 어려움과 막막함을 계속 떠올리려 노력했습니다.

여러분에게도 이 책이 그만큼 쉽게 다가갔으면 좋겠습니다.

서문

『Hello Coding 한입에 쏙 파이썬』은

이 책은 정말로 한입에 쏙 먹을 수 있습니다. 마음만 먹으면 단 몇 시간 만에도 전부 읽을 수 있죠. 이 책을 읽을 때는 어깨에 힘을 빼고 편안하게 읽었으면 하는 바람입니다. 읽다가 도저히 이해하기 어려운 부분은 과감히 넘어가도 괜찮습니다. 모든 내용을 전부 이해할 필요는 없습니다. 일단 가벼운 마음으로 한입 맛본 뒤, 먹을 만하다면 이후에 두 입, 세 입 더 먹으면 됩니다.

유튜브 채널 '김왼손의 왼손코딩'에서는『Hello Coding 한입에 쏙 파이썬』의 동영상 강의를 만날 수 있습니다. 책과 함께 본다면 공부가 한결 수월하리라 생각합니다. 처음 책을 쓸 때부터 동영상 강의를 함께 준비했습니다. 마치 갓 구워낸 쿠키와 차가운 우유 같은 사이랄까요? 아무튼 서로 잘 어울리니 함께 보는 것을 추천합니다.

자, 그럼 이제 파이썬의 매력 속으로 풍덩 빠져볼까요?

| 5월의 어느 멋진 날에, 김왼손 |

파이썬은 초등학생부터 대학생, 기업의 엔지니어까지 많은 사람에게 사랑받고 있는 언어입니다. 코딩 교육부터 빅데이터와 AI를 다루는 전문 분야까지 우리가 생각하는 모든 분야에 파이썬은 사용되고 있습니다.

『Hello Coding 한입에 쏙 파이썬』은 가장 쉬운 파이썬 교재를 목표로 만들었습니다. 프로그래밍 언어를 전혀 모르는 사람도 패션잡지를 읽어 나가듯이 처음부터 끝까지 막힘 없이 술술 읽어 나갈 수 있습니다. 그러면서도 포인트를 놓치지 않는 예제와 연습문제, 동영상 강의로 무장하고 있습니다.

이 책이 프로그래밍 세계에 첫걸음을 내디딘 독자 여러분께 조그마한 디딤돌이 되었으면 좋겠습니다.

| 따뜻한 봄날의 캠퍼스에서, 김태간 |

서문

이런 분을 위한 책입니다

프로그래밍을 이제 막 시작하려는 분. 프로그래밍을 한 번도 해본 적이 없는 분. 프로그래밍이란 게 뭔지 한입 맛보고 싶은 분. 프로그래머를 꿈꾸는 분. 취미나 교양으로 배워보고 싶은 분. 아무리 열심히 해봐도 도저히 어려운 분. 반복되는 포기로 이제는 미워지려고 하는 분. 엔트리, 스크래치 다음 단계로 본격적으로 배워 보고 싶은 분. 데이터 분석 등을 학습하기 위해 기초를 쌓고 싶은 분.

이 책 사용법

1. 백문이 불여일타입니다.

들은 것은 잊어버리나, 본 것은 기억하고, 직접 해본 것은 이해합니다. 아무리 쉬운 내용이라도 꼭 직접 따라 해보세요.

2. 문제는 직접 풀어보세요.

프로그래밍에는 본래 정답이 없습니다. 모든 예제와 연습문제는 직접 풀어보고 책의 답안은 참고용으로만 사용하세요.

3. 한입에 쏙을 활용하세요.

사람은 망각의 동물입니다. 배운 내용이 가물가물 하다면 각 장의 한입에 쏙 부분을 읽고 기억을 되살려 보세요.

4. 게임 프로젝트에 도전하세요.

5장부터는 단계별로 가위바위보 게임을 만듭니다. 예제와 연습문제보다는 조금 어렵겠지만 한 번 도전해보세요.

5. 왼손코딩 유튜브 채널도 함께 보세요.

왼손코딩 채널에서는 동영상 강의도 볼 수 있지만, 유튜브 라이브로 QA 시간도 진행합니다. 이제 공부하다가 궁금한 부분은 저자에게 직접 물어보세요.

Contents

chapter 0
들어가기 전에

시작하기 전 기본 개념을 익혀봅시다.

프로그램과 프로그래밍 -- 02

파이썬을 배우는 이유 -- 03

파이썬으로 할 수 있는 것 -- 06

chapter 1
파이썬 시작하기

어떤 환경에서 파이썬을 배울까요?

파이썬 설치하기 -- 08

기본 개발 환경 -- 12

나의 첫 파이썬 -- 14

예제 1-1 토끼야 안녕! -- 16

칼럼 01 : 파이썬2 vs. 파이썬3 -- 18

chapter 2
프로그램의 기본 재료

프로그램도 재료가 있어야 만들 수 있답니다.

토끼 굴 속으로 -- 20

숫자형 -- 20

더하기, 빼기, 곱하기, 나누기 -- 22

제곱, 몫, 나머지 -- 23

예제 2-1 너무 바쁜 흰 토끼 -- 24

문자열 -- 26

문자열 연산하기 -- 27

예제 2-2 무지개 만들기 -- 29

{ Contents }

변수 -- 31

변수 이름 짓기 -- 33

예제 2-3 일일 바리스타 -- 34

주석 -- 36

한입에 쏙 -- 37

 연습문제 -- 40

 칼럼 02 : 이상한 메시지가 나와요 -- 43

chapter 3
재료 모으기

구슬을 꿰어야 보배가 된다죠? 재료를 모아봅시다.

사탕 더미에 떨어지다 -- 46

리스트 기본 구조 -- 47

값 추가하기 -- 48

값에 접근하기 -- 50

값 제거하기 -- 52

예제 3-1 박하맛 사탕이 싫어요 -- 53

여러 값 가져오기 -- 55

예제 3-2 배고픈 동물 친구들 -- 56

정렬하기 -- 58

{ Contents }

개수 세기 -- 59

한입에 쏙 -- 60

 연습문제 -- 63

 칼럼 03 : 구글 신은 모든 걸 알고 계셔 -- 66

chapter 4

횟수로 반복하기

한 걸 또 하고 또 하고 또 하고, 어떻게 하죠?

전국 거북이 마라톤 -- 68

IDLE 에디터 -- 69

for 기본 구조 -- 72

예제 4-1 여왕의 크로케 경기장 -- 75

문자열 반복하기 -- 77

들여쓰기 -- 77

순서열 만들기 -- 79

예제 4-2 하얀장미와 빨간장미 -- 82

한입에 쏙 -- 84

 연습문제 -- 86

 칼럼 04 : 신나는 게임으로 배우는 파이썬 #1 -- 90

{ Contents }

chapter 5

조건 판단하기

언제는 하고
언제는 하지 말까요?
조건을 알아봅시다.

엉망진창 다과회 -- 94

참과 거짓 -- 95

값 비교하기 -- 96

if 기본 구조 -- 98

else와 elif -- 100

예제 5-1 자동 입장료 계산기 -- 102

여러 조건 판단하기 -- 104

예제 5-2 사탕 도둑을 잡아라! -- 107

한입에 쏙 -- 109

프로젝트 : 가위바위보 1단계 -- 111

 연습문제 -- 113

 칼럼 05 : 너와 나, 우리가 읽기 쉬운 코드 -- 118

chapter 6

조건으로 반복하기

조건을 걸고 반복하는
방법을 배워볼까요?

코커스 경주 -- 122

while 기본 구조 -- 123

예제 6-1 이건 공평하지 않아! -- 125

입력을 받는 방법 -- 127

예제 6-2 앨리스의 수수께끼 -- 128

넘어가기와 멈추기 -- 130

{ Contents }

무한 반복하기 -- 131

예제 6-3 수수께끼는 어려워 -- 132

한입에 쏙 -- 134

프로젝트 : 가위바위보 2단계 -- 136

연습문제 -- 138

칼럼 06 : 내 코드는 어떻게 돌고 있을까요? -- 144

chapter 7

재료 모으기. 둘

3장과는 다른 방법으로 재료를 모을 수도 있답니다.

튜플 기본 구조 -- 146

값 가져오기 -- 148

패킹과 언패킹 -- 149

예제 7-1 박하맛 사탕 바꿔주기 -- 150

딕셔너리 기본 구조 -- 152

키-값 추가하기 -- 153

값에 접근하기 -- 153

키-값 제거하기 -- 154

예제 7-2 3월토끼의 라면 가게 -- 155

한입에 쏙 -- 157

프로젝트 : 가위바위보 3단계 -- 160

연습문제 -- 162

칼럼 07 : 신나는 게임으로 배우는 파이썬 #2 -- 166

{ Contents }

chapter 8

모아서 다시 쓰기

있는 걸 활용해봅시다.
모아모아모아서~
사용해보겠습니다.

누가 파이를 훔쳤나 -- 170

함수의 종류 -- 171

함수의 기본 구조 -- 172

예제 8-1 좀 더 효율적인 판결 -- 174

모듈 -- 176

랜덤하게 뽑기 -- 176

예제 8-2 하트 여왕의 판결 -- 179

모듈을 사용하는 이유 -- 181

한입에 쏙 -- 182

프로젝트 : 가위바위보 4단계 -- 184

연습문제 -- 186

칼럼 08 : 본격! 파이썬 개발 준비 -- 191

마치며 -- 192

연습문제 해설지 -- 194

chapter 0 들어가기 전에

0장에서는

프로그램과 프로그래밍, 파이썬에 대해 소개합니다. 바로 프로그래밍을 시작하고 싶은 분은 1장으로 넘어가도 좋습니다. 0장에서 배울 내용은 다음과 같습니다.

학습목표

+ 프로그램과 프로그래밍
+ 파이썬을 배우는 이유
+ 파이썬으로 할 수 있는 것

♠ 프로그램과 프로그래밍

혹시 여러분은 핀란드 친구가 있나요?

핀란드 친구와 대화하려면 핀란드어를 할 줄 알아야 합니다. 혹은 핀란드 친구가 한국어를 할 줄 알아야겠죠. 그렇다면 컴퓨터와 대화하려면 어떻게 해야 할까요? 컴퓨터와 대화를 하려면 컴퓨터의 언어, 즉 프로그래밍 언어를 사용할 줄 알아야 합니다. 프로그래밍 언어는 컴퓨터가 이해하는 언어입니다. 한국어나 핀란드어로 아무리 말을 걸어도 컴퓨터는 이해하지 못합니다.

프로그램program은 컴퓨터에 시킬 명령을 모아둔 것을 말합니다. 프로그램을 실행하면 컴퓨터는 명령에 따라 움직입니다. 그리고 프로그래밍programming이란 이런 프로그램을 만드는 작업을 말합니다. 프로그래밍을 코딩coding이라고도 하는데 엄밀히 말하면 다른 의미이지만 최근에는 같은 의미로 사용합니다.

> **프로그램** 컴퓨터에 시킬 명령 모음
> **프로그래밍** 프로그램을 만드는 작업(=코딩)

세상에는 저마다의 특징을 가진 수백 가지 이상의 프로그래밍 언어programming language가 있습니다. 파이썬python은 이 중 다섯 손가락 안에 들 정도로 인기가 좋은 프로그래밍 언어입니다.

Dec 2019	Dec 2018	Change	Programming Language
1	1		Java
2	2		C
3	**3**		**Python**
4	4		C++
5	6	↑	C#
6	5	↓	Visual Basic .NET
7	7		JavaScript
8	8		PHP
9	9		SQL
10	14	⇈	Swift

▲ 2019년 12월 15일 기준 프로그래밍 언어 인기 순위.
출처: https://www.tiobe.com/tiobe-index/

♣ 파이썬을 배우는 이유

그렇다면 파이썬이 인기 있는 비결은 뭘까요? 그 이유야 많겠지만 세 가지만 꼽아보겠습니다.

첫째, 쉽게 배울 수 있습니다.

파이썬은 다른 프로그래밍 언어에 비해 쉽고 간결합니다. 다음은 각각 C, 자바[Java], 파이썬으로 작성한 코드입니다.

코드 0-1 'Hello World!'를 출력하는 C 코드

```
#include <stdio.h>
int main(int argc, char *argv[])
{
    printf("Hello World!\n");
    return 0;
}
```

코드 0-2 'Hello World!'를 출력하는 자바 코드

```
public class HelloWorld {
    public static void main(String[] args) {
        System.out.println("Hello World!");
    }
}
```

코드 0-3 'Hello World!'를 출력하는 파이썬 코드

```
print('Hello World!')
```

눈치챈 분도 있겠지만 세 언어로 작성한 코드의 출력 결과는 모두 같습니다.

↳ 실행화면

```
Hello World!
```

세 코드 모두 완전히 같은 기능을 수행하는 데도 언어에 따라 모습의 차이가 크죠? 'Hello World!'를 출력하는 프로그램은 프로그래밍 분야에서 가장 쉽고 간단한 예제입니다. 그런데도 C나 자바는 길고 어려워 보이지요? 반면 파이썬은 단 한 줄로 끝납니다.

파이썬을 만든 귀도 반 로섬Guido van Rossum은 읽고 이해하기 쉬운 언어를 만들고자 노력했다고 말합니다. 파이썬은 문법이 쉽고 간결하기 때문에 초심자가 배우기에 적합합니다. 이런 장점 덕분에 대학에서도 입문 언어로 파이썬을 선택하는 곳이 늘고 있습니다. 국내에도 점점 파이썬 사용자가 늘어나는 추세입니다.

둘째, 참고할 자료가 많습니다.

전 세계적으로 파이썬을 좋아하는 사람들이 워낙 많고 지금도 그 수가 점점 늘어나고 있습니다. 이런 이유로 프로그래밍을 하다가 막혔을 때 도움을 청할 수 있는 커뮤니티나 참고할 만한 자료

가 정말 많습니다.

인터넷에 파이썬 관련 내용을 검색하면 스택오버플로Stack Overflow(https://stackoverflow.com/)라는 사이트를 자주 마주칩니다. 파이썬을 포함해서 프로그래밍에 대한 다양한 질문과 답변을 하는 사이트인데 정말 많은 사람이 질문하고 그보다 더 많은 사람이 답변합니다. 영어에 어려움이 없다면 질문과 답변만 읽어봐도 공부가 많이 됩니다.

한국에는 파이썬 코리아Python Korea라는 커뮤니티가 있습니다. 이곳에서는 파이콘 한국PyCon Korea이라는 행사를 매년 주최합니다.

- **파이썬 코리아** : https://www.facebook.com/groups/pythonkorea/
- **파이콘 한국** : https://www.pycon.kr/

셋째, 빠르게 만들 수 있습니다.

파워포인트에서 차트를 그려본 적이 있나요? 차트를 직접 그리려면 시간도 오래 걸리고 삐뚤빼뚤해지곤 해서 예쁘게 그리기도 어렵습니다. 하지만 파워포인트의 차트 그리기 기능을 사용하면 쉽고 빠르게 그릴 수 있을 뿐만 아니라 마치 전문가가 그린 것 같은 세련된 차트를 그릴 수 있습니다.

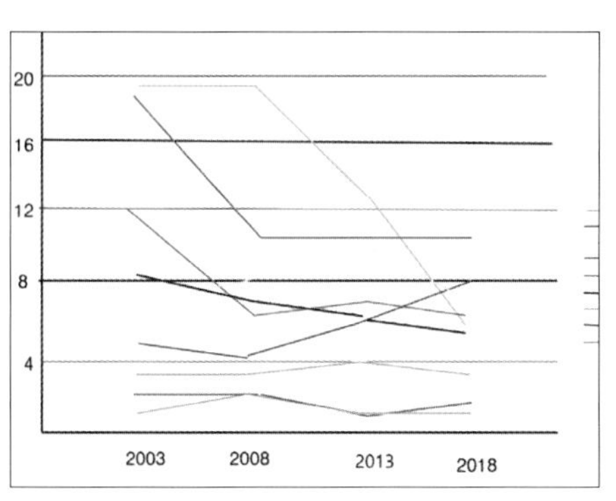

▲ 직접 그린 프로그래밍 언어의 인기 순위 차트

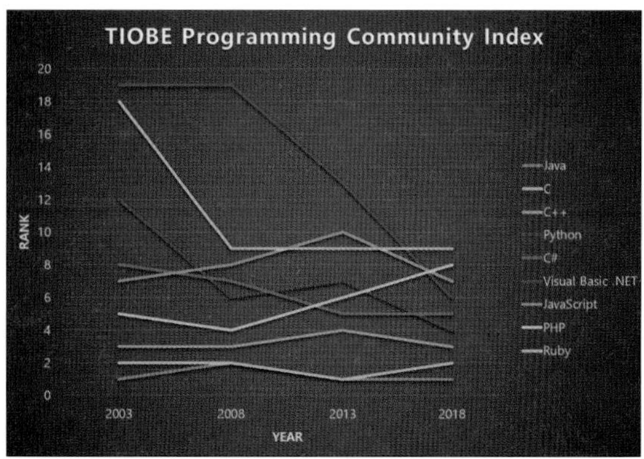

▲ 파워포인트의 차트 그리기로 그린 차트

파워포인트의 차트 그리기 기능처럼 파이썬에도 바로 사용할 수 있는 기능이 많습니다. 많은 사람이 정성 들여 만든 기능을 손쉽게 가져다 사용할 수 있는 덕에 직접 만드는 수고를 덜 수 있습니다. 이런 기능을 가져다 쓰면 쉽고 빠르게 원하는 프로그램을 만들 수 있겠죠?

♥ 파이썬으로 할 수 있는 것

파이썬은 쉽다는 특징 때문에 교육용으로 인기가 좋지만 이에 못지않게 실무에서도 많이 사용하고 있습니다. 파이썬은 구글Google에서 3대 개발 언어 중 하나일 정도로 중요한 핵심 언어입니다. 구글 서비스 중에는 유튜브YouTube가 대표적입니다. 이 외에도 인스타그램Instagram, 드롭박스Dropbox, 나사NASA 등 우리가 잘 아는 곳에서도 널리 사용되고 있습니다.

파이썬은 다양한 일을 할 수 있는 프로그래밍 언어입니다. 많은 양의 데이터를 처리해서 가치 있는 정보를 추출하는 데이터 과학이나 인간의 사고를 모방하는 인공지능 분야에서도 많이 사용되고 있습니다.

시간이 많이 들고 지루한 작업을 자동화하는 프로그램을 만들 수 있고, 장고Django나 플라스크Flask 같은 웹 프레임워크를 사용해 멋진 웹사이트를 만들 수도 있습니다. 이외에도 셀 수 없이 많은 분야에서 파이썬을 사용하고 있습니다.

chapter 1
파이썬 시작하기

1장에서는

파이썬을 설치하고 시작하는 방법을 살펴봅니다. 1장에서 배울 내용은 다음과 같습니다.

학습목표

+ 파이썬 설치하기
+ 기본 개발 환경
+ 나의 첫 파이썬

♠ 파이썬 설치하기

드디어 시작입니다. 파이썬을 시작하는 데는 약간의 준비가 필요합니다. 어떤 프로그래밍 언어든 처음 설치하고 개발 환경을 구성하는 단계는 항상 어렵습니다. 이 단계에서 포기하는 사람들도 꽤 많죠. 파이썬의 개발 환경을 구성하는 방법은 다양하지만, 그중 가장 간단한 방법을 살펴보겠습니다.

지금부터 설명할 설치 방법은 **윈도우 10을 기준**으로 합니다. 윈도우 7이나 맥OS, 리눅스 사용자는 화면이 조금씩 다를 수 있습니다.

1 웹 브라우저로 파이썬 공식 사이트(❶ https://www.python.org)에 접속합니다.

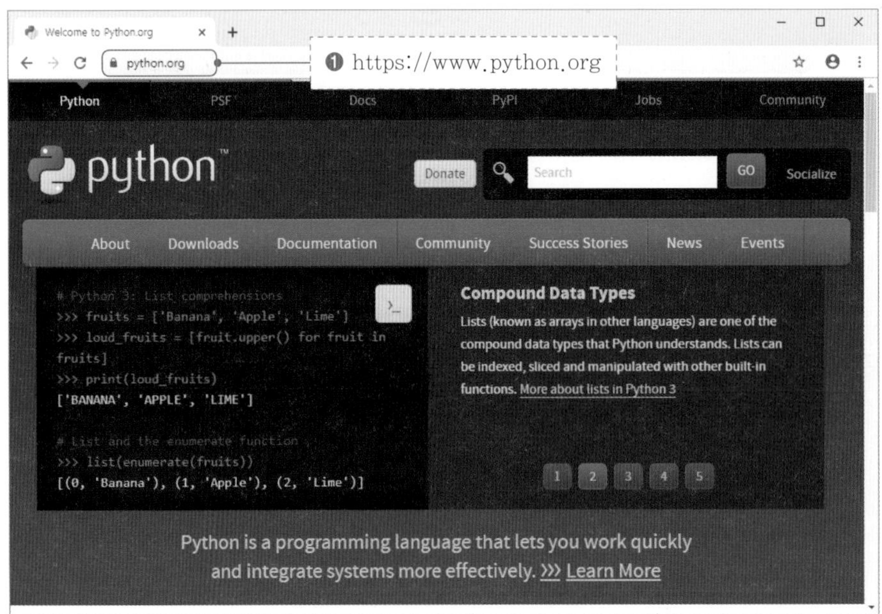

2 ❷Downloads 탭에 마우스를 올린 뒤 ❸Python 3.x.x를 클릭합니다.

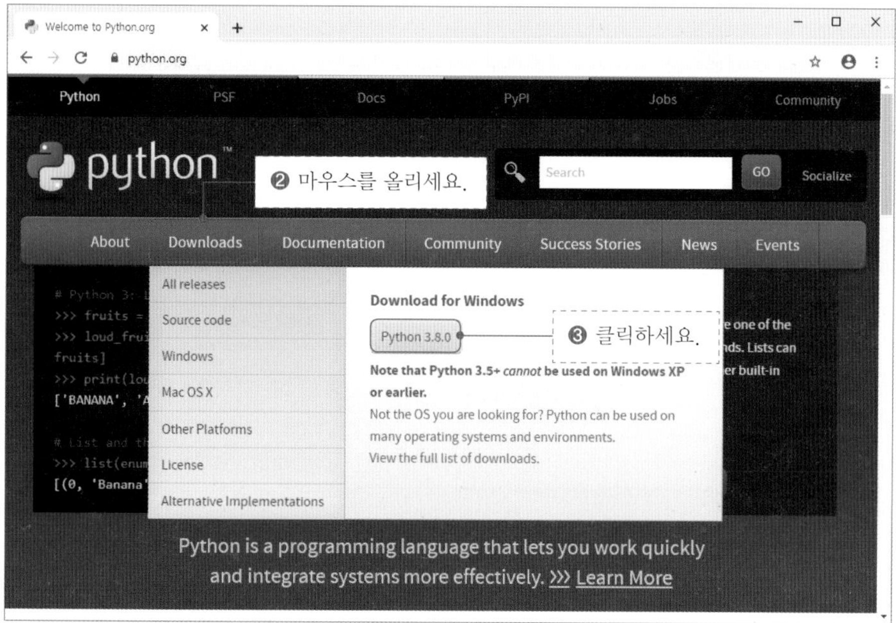

PLUS Python 3.8.0이 아닌데 괜찮나요?

바로 윗 그림에는 ❸ 클릭하세요 옆으로 Python 3.8.0이라고 적혀있지만, 여러분이 책을 읽는 시점에는 3 뒤의 숫자가 조금 다를 수 있습니다. 이 숫자는 파이썬의 버전을 나타내며 가장 앞의 숫자가 3으로 시작한다면 이 뒤의 숫자가 조금 달라도 이 책의 예제를 따라 하는 데 문제가 없습니다.

3 내려받은 python-3.x.x.exe 파일을 더블 클릭해서 실행한 다음 ❹Add Python 3.6 to PATH를 체크합니다.

4 이제 ❺ Install Now를 클릭합니다.

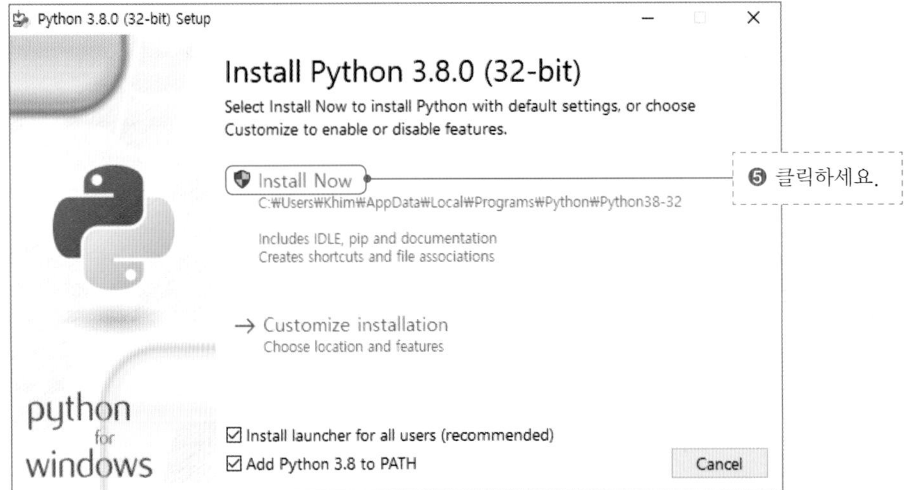

5 다음과 같이 설치 진행 화면이 보입니다.

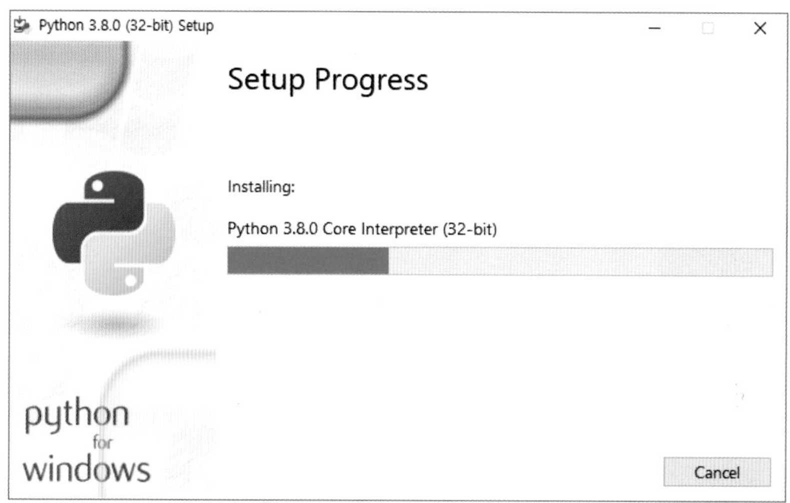

6 다음 화면이 나타나면 ❻ Close를 누릅니다. 설치 완료!

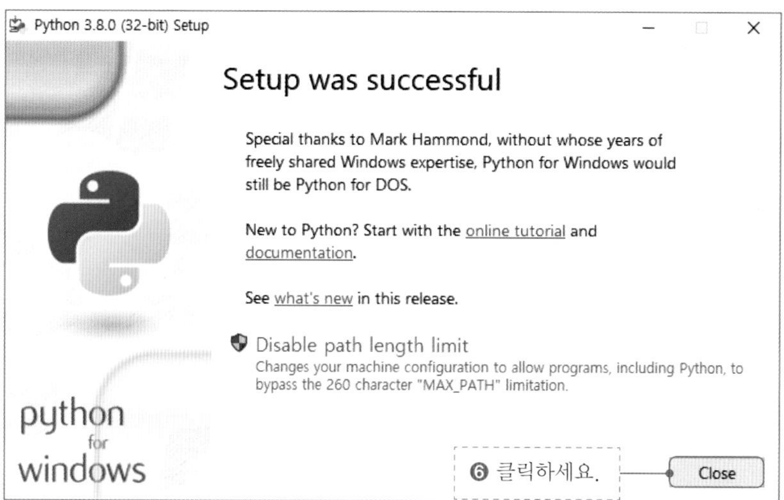

♣ 기본 개발 환경

파이썬은 IDLE[Integrated Development and Learning Environment]이라고 하는 기본 개발 환경을 제공합니다. 본격적인 개발용으로는 부족할 수 있겠지만, 파이썬을 처음 배우는 입문자가 사용하기에는 기능이 충분합니다. 이 책의 모든 예제는 IDLE로 실습할 수 있습니다. 보통 **아이들**이라고 발음합니다.

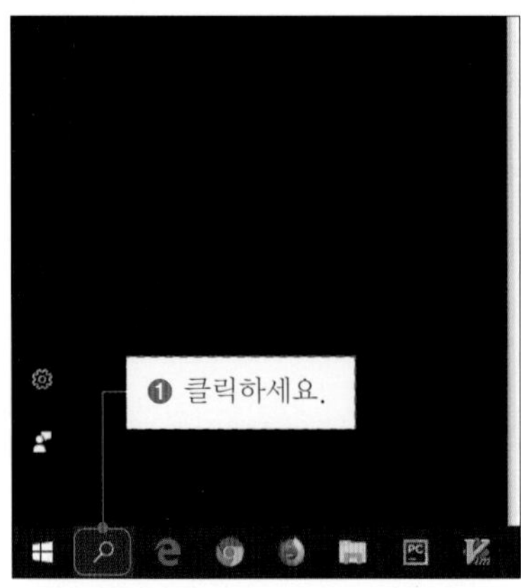

1 윈도우 화면 왼쪽 아래에 있는 작업 표시줄의 ❶ 돋보기 버튼을 클릭하세요.

2 Windows 검색 창에 ❷ IDLE을 입력하세요.

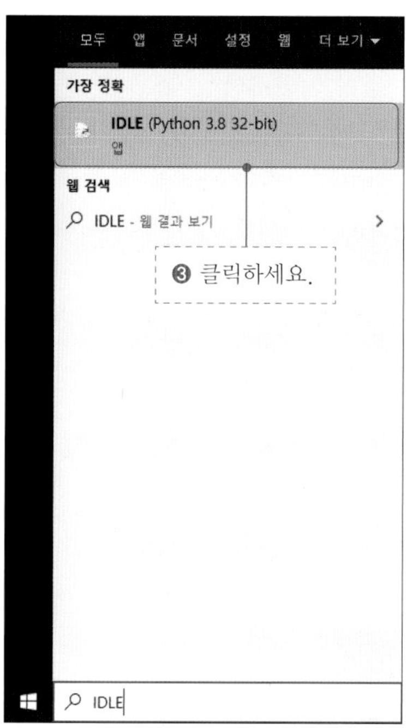

3 검색 결과 중 그림처럼 보이는 ❸ IDLE을 클릭하세요.

4 다음과 같은 화면이 나오면 준비 끝!

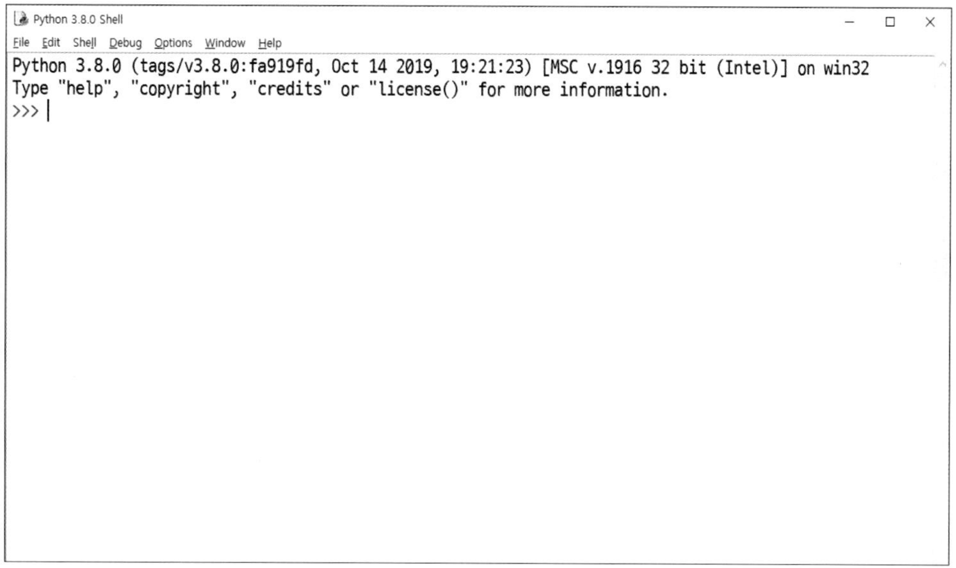

이 화면을 **대화형 셸**interactive shell이라고 합니다. 대화형 셸은 파이썬 명령어를 한 줄씩 입력해서 실행할 수 있는 기능입니다. 마치 대화하는 것처럼 명령어를 한 줄씩 입력하면 그 결과를 바로 확인할 수 있습니다.

책에서는 대화형 셸을 다음과 같이 열은 보라색 창으로 표현합니다.

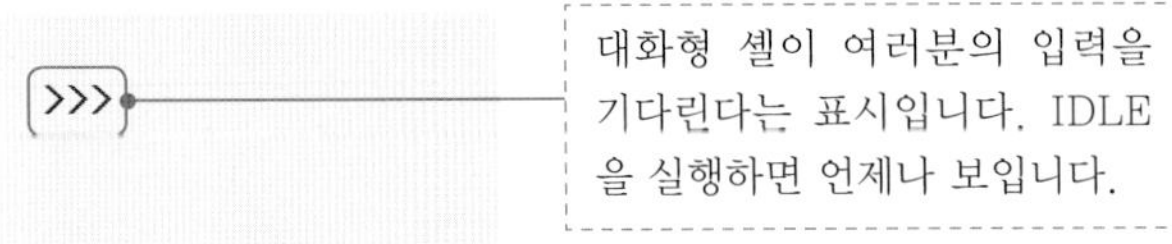

PLUS 윈도우 7에서 시작 방법

❶ 시작 메뉴에서 ❷ [모든 프로그램] → ❸ [Python 3.8] → ❹ [IDLE]을 클릭하세요.

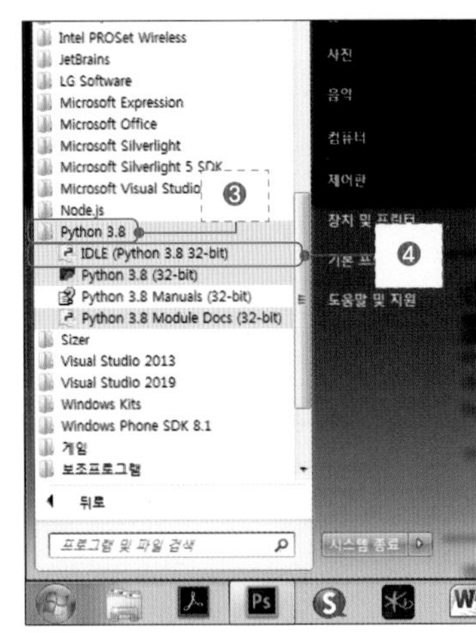

♥ 나의 첫 파이썬

이제 우리의 첫 번째 파이썬 프로그램을 만들어 볼까요? [코드 1-1]을 그대로 따라 입력한 뒤 엔터 키를 눌러보세요. 앞으로 화면에서 ⏎를 보면 엔터 키를 눌러주세요. 이 책에서 다음처럼 열은 보라색 바탕 위에 >>>가 표시된 곳은 대화형 셸로 작성하라는 의미입니다.

작은따옴표 안의 Hello World!가 그대로 출력되었나요? 짝짝짝! 축하합니다. 우리의 첫 번째 파이썬 프로그램을 성공적으로 만들었습니다. 비록 한 줄 짜리지만 [코드 1-1]도 어엿한 프로그램입니다. print()는 ()[소괄호] 안에 넣은 값을 출력하는 역할을 합니다.

print() () 안의 값을 출력

이번에는 print에서 소문자 p를 대문자 P로 바꿔보세요. 과연 어떤 결과가 나올까요?

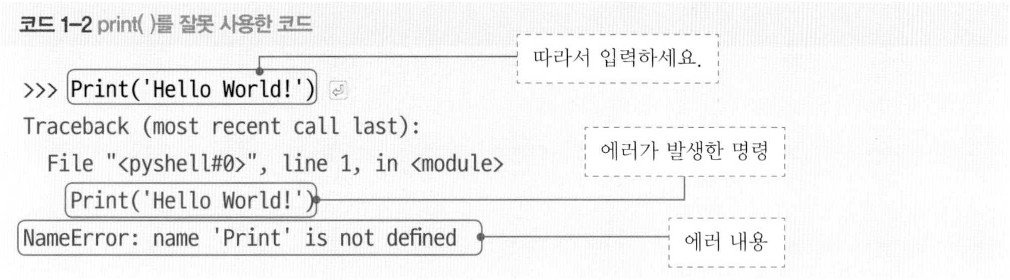

뭔가 빨간 글씨가 보이네요. 이 빨간 글씨는 입력한 명령어가 잘못되었다는 걸 알려주는 에러 메시지입니다. 여러분은 아직 모르겠지만 파이썬에서 print()의 print는 전부 소문자로 입력하기로 약속되어 있습니다. 그런데 이걸 Print라고 잘못 입력했으니 컴퓨터가 이해하지 못하는 겁니다.

PLUS 에러 메시지는 어떤 게 있나요?

에러 메시지를 만나면 당황하지마세요. 초보자가 만나는 대부분의 에러는 오타 때문입니다. 대부분 마지막 두 줄을 보면 에러 메시지의 내용을 알 수 있습니다. 에러 메시지는 NameError(이름 에러), TypeError(유형 에러), SyntaxError(문법 에러), ValueError(값 에러) 등이 있습니다. 좀 더 알고 싶다면 구글에 '파이썬 에러 메시지'라고 검색해보세요.

1-1 토끼야 안녕!

예제

나무 밑에 앉아 있던 앨리스는 점점 따분해지기 시작했어요. 그때였어요. 갑자기 회중시계를 들고 있는 흰 토끼 한 마리가 앨리스 옆을 쌩하니 지나가는 것 아니겠어요? 흰 토끼가 들리도록 크게 인사해볼까요?

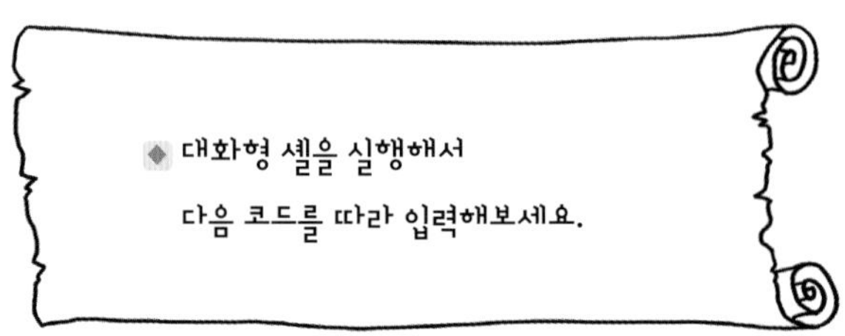

코드 1-3 '토끼야 안녕!'을 출력하는 코드

```
>>> print('토끼야 안녕!') ⏎
토끼야 안녕!
```

예제

김왼손의 해설

한글도 작은따옴표로 묶어서 출력할 수 있습니다. 작은따옴표 안에 여러분이 출력해보고 싶은 문장이나 단어를 마음껏 넣어서 연습해보세요.

```
>>> print('          ') ⏎
```

칼럼 01

파이썬2 vs. 파이썬3

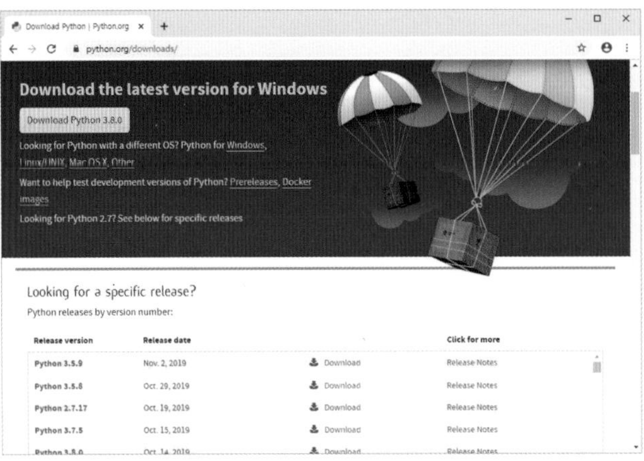

현재 파이썬은 파이썬2와 파이썬3, 두 가지 버전이 있습니다. 숫자만 봐도 알 수 있지만 파이썬3이 최신 버전이죠. 하지만 아직도 많은 사람이 이전 버전인 파이썬2를 사용하고 있습니다. 파이썬3을 만들 때 파이썬2와의 호환은 고려하지 않은 탓에 사용자 그룹은 둘로 나뉘어 버렸습니다. '새 버전을 쓰면 그만이잖아?'라고 할 수도 있겠지만, 파이썬2를 지원하는 풍부한 라이브러리가 파이썬3을 지원하지 않는 일도 종종 있어서 파이썬3으로 넘어가기 어려운 사용자도 있습니다.

그럼 우리는 어떤 버전을 선택해야 할까요? 파이썬을 처음 시작하는 사람은 파이썬3을 선택하는 게 좋습니다. 파이썬 공식 홈페이지에 따르면 파이썬2는 2.7이 마지막 공식 버전이며, 이 버전의 지원도 2020년에 끝난다고 합니다. 반면 파이썬3은 계속해서 최신 버전이 나올 예정입니다. 또한 파이썬3이 나온 지도 꽤 되어서 이제는 많은 라이브러리가 파이썬3을 지원하고 있으며 지금도 계속 늘어나는 추세입니다. 어쩔 수 없이 파이썬2가 필요한 사람이 아니라면 파이썬3을 선택하세요. 이 책에서는 최신 버전인 파이썬3을 사용하기 때문에 일부 예제는 파이썬2에서 정상적으로 실행되지 않을 수 있습니다.

chapter 2
프로그램의 기본 재료

2장에서는

프로그램을 만들 때 필요한 기본 재료를 살펴봅니다. 2장에서 배울 내용은 다음과 같습니다.

학습목표

+ 기본 재료의 종류
+ 숫자형과 문자열
+ 변수와 변수 이름

♠ 토끼 굴 속으로

호기심이 솟구친 앨리스는 흰 토끼의 뒤를 쫓아 뛰기 시작했어요. 다행히도 흰 토끼가 울타리 아래로 난 커다란 굴 안으로 쏙 들어가는 모습을 발견했어요. 앨리스는 돌아오는 길은 생각도 안 하고 흰 토끼를 따라 무작정 굴로 들어갔어요.

이런, 터널같이 쭉 이어지던 굴이 어느 순간 느닷없이 아래로 푹 꺼졌어요. 멈출 틈도 없이 앨리스는 깊고 깊은 굴속으로 떨어지기 시작했어요. 앨리스는 깜짝 놀라서 엄마가 언니에게 전해주라던 샌드위치를 놓치고 말았어요.

앨리스는 떨어지면서도 이렇게 생각했어요.

'엄마한테 혼나기 전에 샌드위치를 다시 만들어야겠어!'

앨리스처럼 샌드위치를 만든다고 생각해볼까요? 샌드위치를 만들려면 식빵, 양상추, 치즈, 토마토 같은 재료가 필요합니다. 프로그램을 만들 때도 필요한 기본 재료가 있습니다. 프로그램의 기본 재료를 **자료**[data]라고 하고 이를 종류에 따라 구분한 것을 **자료형**[data type]이라고 합니다.

자료형 자료를 종류에 따라 구분한 것

이번 장에서는 파이썬의 다양한 자료형 중 숫자형과 문자열을 먼저 살펴보겠습니다.

♣ 숫자형

숫자형은 숫자로 이뤄진 자료형입니다. 수학 시간에 배웠던 정수, 실수 등을 다룰 수 있습니다. 정수는 소수점을 포함하지 않는 숫자를, 실수는 소수점을 포함한 숫자를 말합니다.

숫자형 숫자로 이루어진 자료형

대화형 셸을 실행해서 다음 코드를 따라 입력해보세요. 혹시 대화형 셸을 실행하는 방법이 기억나지 않는다면 '기본 개발 환경[12쪽]'을 다시 한번 보고 오세요. ↵는 엔터 키를 의미합니다.

코드 2-1 다양한 숫자를 출력하는 코드

```
>>> print(1) ⏎
1
>>> print(-2) ⏎
-2
>>> print(3.14) ⏎
3.14
```

1장에서 print()는 ()[소괄호] 안에 넣은 값을 출력한다고 했었죠? print()는 숫자도 출력할 수 있습니다. [코드 2-1]에서 출력한 값 중 1과 -2를 정수라고 하고 소수점이 있는 3.14를 실수라고 합니다.

PLUS print() 없이도 값이 출력되는데요?

IDLE의 대화형 셸에서는 값만 입력하고 엔터를 눌러도 출력할 수 있습니다. 이는 대화형 셸의 특징입니다. 영어 입력이 너무 느리다면 처음에는 print()를 생략해도 좋습니다. 하지만 print()는 앞으로 계속 사용할 예정이므로 계속해서 연습하는 것을 추천합니다.

```
>>> print(1) ⏎
1
>>> print(-2) ⏎
-2
>>> print(3.14) ⏎
3.14
>>> 1 ⏎
1
>>> -2 ⏎
-2
>>> 3.14 ⏎
3.14
```

♥ 더하기, 빼기, 곱하기, 나누기

수학의 가장 기본 연산인 사칙연산을 해볼까요? 더하기, 빼기, 곱하기, 나누기에는 각각 +플러스, -마이너스, *애스터리스크, /슬래시 기호를 사용합니다. 이처럼 연산에 사용하는 기호를 연산자operator라고 합니다. 다음 코드를 따라 입력해보세요.

연산자 연산할 때 사용하는 기호

코드 2-2 더하기, 빼기, 곱하기, 나누기를 하는 코드

```
>>> print(1 + 2)    ── 더하기
3
>>> print(3 - 2)    ── 빼기
1
>>> print(2 * 4)    ── 곱하기
8
>>> print(6 / 3)    ── 나누기
2.0
```

수학 시간에 배운 것과는 다르게 곱하기에는 *를, 나누기에는 /를 사용합니다. 나누기의 결과가 다른 연산의 결과와 조금 다르다는 점 발견했나요? 다른 연산의 결과는 모두 정수인데 나누기의 결과만 실수네요. 파이썬에서 나누기의 결과는 항상 실수입니다.

PLUS 연산의 우선순위

더하기, 빼기, 곱하기, 나누기의 연산 순서는 어떻게 될까요? 정답은 왼쪽부터 오른쪽으로 차례대로 계산하되, 곱하기와 나누기를 먼저, 그다음 더하기와 빼기를 계산하는 것입니다. 만약 ()가 있을 경우 () 안의 연산을 우선합니다.

```
>>> print(2 * (3 + 2) - 2)
8
```

◆ 제곱, 몫, 나머지

제곱과 몫, 나머지를 구하는 연산자도 있습니다. **는 제곱, //는 몫, %는 나머지를 구할 때 사용합니다.

코드 2-3 제곱, 몫, 나머지를 구하는 코드

```
>>> print(5 ** 2) ⏎
25
>>> print(5 // 2) ⏎
2
>>> print(5 % 2) ⏎
1
```

PLUS 홀수/짝수 구별하기

%를 사용해서 정수의 홀수, 짝수를 구별할 수도 있습니다. 정수를 2로 나누면 나머지는 항상 0이나 1일 테니까요. 이 책에서도 %가 필요한 문제가 있으니 잘 기억해두세요.

```
>>> print(1 % 2) ⏎
1
>>> print(2 % 2) ⏎
0
>>> print(3 % 2) ⏎
1
>>> print(4 % 2) ⏎
0
```

2-1 너무 바쁜 흰 토끼

굴이 너무 깊은 건지 떨어지는 속도가 너무 느린 건지, 앨리스는 주변을 살필 여유가 있었어요. 아래를 내려다보니 흰 토끼가 떨어지고 있었어요. 흰 토끼는 조끼주머니에서 꺼낸 양피지를 보며 뭔가를 열심히 하고 있었어요.

"안녕하세요."

앨리스가 말했어요.

"3 더하기 2는 5. 5 더하기 17은 22. 안녕! 12 더하기 3은 15. 아휴, 바쁘다 바빠!"

흰 토끼는 계산하느라 너무 바빠 고개조차 들지 못했어요. 우리가 흰 토끼를 도와 대신 계산을 해주면 어떨까요?

- 3과 7을 더해서 출력하세요.
- 6과 3을 곱해서 출력하세요.
- 4의 2제곱을 출력하세요.
- 9를 5로 나눴을 때의 나머지를 출력하세요.

코드 2-4 다양한 연산을 하는 코드

```
>>> print(3 + 7) ⏎
10
>>> print(6 * 3) ⏎
18
>>> print(4 ** 2) ⏎
16
>>> print(9 % 5) ⏎
4
```

예제

김왼손의 해설

여러 가지 연산자를 사용하면 아무리 복잡한 계산도 빠르게 할 수 있습니다. 수학 기호와는 다르게 곱하기는 *, 나누기는 /를 쓴다는 점을 유의하세요.

♠ 문자열

문자를 나열한 것을 문자열[string]이라고 합니다. 문자열은 ''[작은따옴표]나 ""[큰따옴표]로 표현합니다. 따옴표 안에는 문자, 숫자, 기호 같은 것을 넣을 수 있습니다.

문자열 문자를 나열한 자료형

1장에서 봤던 print('토끼야 안녕!')[16쪽]에서 '토끼야 안녕!'도 문자열입니다.

코드 2-5 문자열을 출력하는 코드

```
>>> print('Hello World!') ↵
Hello World!
>>> print('3.14') ↵
3.14
>>> print('토끼야 안녕!') ↵
토끼야 안녕!
>>> print("토끼야 안녕!") ↵
토끼야 안녕!
```

숫자인 3.14도 따옴표로 묶으면 문자열입니다. '토끼야 안녕!'은 작은따옴표로 묶어도, 큰따옴표로 묶어도 모두 같은 문자열입니다.

PLUS 따옴표로 묶은 숫자는 문자열? 숫자?

어떤 값이든 따옴표로 묶으면 모두 문자열이 됩니다. 전화번호나 우편번호 같은 것들은 숫자로 구성되어 있지만 문자열로 만들어 사용하기도 합니다. 전화번호를 계산에 사용하지는 않으니까요.

PLUS 왜 작은따옴표와 큰따옴표, 두 가지 방법을 사용할까요?

작은따옴표 자체를 문자로 쓰고 싶을 때가 있습니다. 이때 작은따옴표로 묶으면 오류가 발생하지만 큰따옴표로 묶으면 작은따옴표를 포함한 문자열을 만들 수 있습니다. 반대의 경우에도 마찬가지입니다. 대화형 셀에서 다음 코드를 테스트해보세요.

```
>>> print("'저건 뭐지?'하고 앨리스가 생각했어요.") ↵
'저건 뭐지?'하고 앨리스가 생각했어요.
>>> print('앨리스가 흰 토끼에게 말했어요. "안녕!"') ↵
앨리스가 흰 토끼에게 말했어요. "안녕!"
```

♣ 문자열 연산하기

문자열도 숫자처럼 몇 가지 연산이 가능합니다. 사용할 수 있는 연산자는 +와 *입니다.

+는 여러 개의 문자열을 연결합니다.

코드 2-6 문자열 + 연산을 하는 코드

```
>>> print('토끼' + '야 안녕!') ↵
토끼야 안녕!
>>> print('다람쥐' + '야 안녕!') ↵
다람쥐야 안녕!
```

+를 사용하면 '토끼' 문자열과 '야 안녕!' 문자열을 연결해서 '토끼야 안녕!' 문자열을 만들 수 있습니다.

그러면 *는 언제 사용할까요? *는 문자열을 반복할 때 사용합니다. 문자열에 숫자를 곱하면 지정하는 수만큼 반복합니다. * 다음에는 정수만 올 수 있습니다.

코드 2-7 문자열 * 연산을 하는 코드

```
>>> print('데굴' * 2) ⏎
데굴데굴
```

'데굴' 문자열에 2를 곱하면 '데굴데굴' 문자열이 됩니다. 만약 '데굴' 문자열에 정수가 아닌 값을 곱하면 또다시 빨간 글씨가 자뜩 나올 수 있으니 유의하세요.

PLUS 여러 줄은 어떻게 표현하나요?

작은따옴표나 큰따옴표를 세 개씩 쓰면 여러 줄의 문자열도 표현할 수 있습니다. 여러 줄 문자열은 주석으로도 사용됩니다. 문자열을 주석으로 사용하는 방법을 알고 싶다면 구글에 'python docstring'을 검색해보세요. 검색 방법은 '구글 신은 모든 걸 알고 계셔66쪽'를 참고하세요.

```
>>> print('''데굴 ⏎
데굴''') ⏎

데굴
데굴
```

PEP 257에 따르면 docstring에는 """를 쓰는 것을 권장합니다.

2-2 무지개 만들기

앨리스는 어디로 떨어지는지 알고 싶어서 아래를 내려다 보았어요. 거기에는 뭔가 반짝반짝 빛나는 것들이 함께 떨어지고 있었어요. 자세히 보니 '빨', '주', '노', '초', '파', '남', '보' 문자였어요. 반짝이는 문자를 한참 동안 구경하던 앨리스는 문득 무지개가 떠올랐어요. 색깔 문자를 연결해서 무지개를 한번 만들어볼까요?

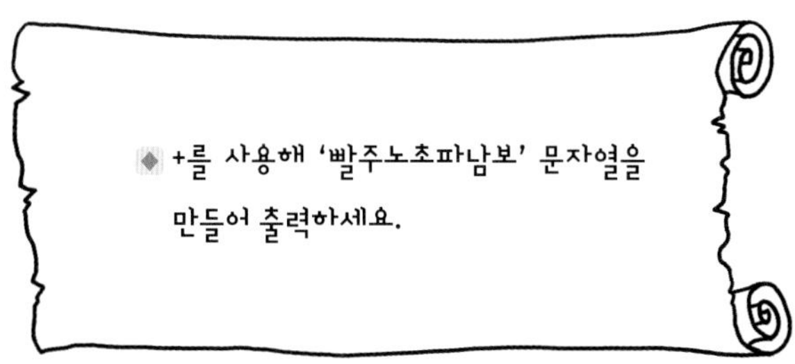

코드 2-8 색깔 문자를 연결하는 코드

```
>>> print('빨' + '주' + '노' + '초' + '파' + '남' + '보')
빨주노초파남보
```

예제

김왼손의 해설

+를 사용하면 색깔 문자를 연결해 '**빨주노초파남보**' 무지개를 만들 수 있습니다. +는 숫자끼리의 계산뿐만 아니라 문자끼리 연결할 때도 사용합니다.

♥ 변수

변수variable는 값을 저장하는 공간입니다. 값을 저장해두고 필요할 때마다 꺼내서 사용할 수 있습니다. 변수라고 해서 꼭 숫자만 저장해야 하는 건 아닙니다. 숫자뿐만 아니라 문자열 등 다양한 자료형을 변수에 저장할 수 있습니다.

변수 값을 저장하는 공간

변수에 값을 저장할 때는 =할당연산자를 사용합니다. **값을 변수에 저장**하는 것을 '**값을 할당**한다'라고도 합니다.

변수_이름 = 저장할_값

코드 2-9 변수에 저장한 문자열을 출력하는 코드

```
>>> rainbow = '빨주노초파남보' ↵
>>> print(rainbow) ↵
빨주노초파남보
```

위의 코드는 '**빨주노초파남보**' 문자열을 rainbow 변수에 저장한 후 이를 출력합니다.

변수라는 이름에서 짐작하듯이 변수에 저장된 값은 변할 수 있습니다.

코드 2-10 변수에 저장한 값을 변경하는 코드

```
>>> count = 0
>>> print(count)
0
>>> count = 1
>>> print(count)
1
>>> count = count + 1
>>> print(count)
2
```

위의 코드를 순서대로 보면 count에 0을 저장한 다음 다시 1을 저장합니다. 그러자 원래 저장되어 있던 0이 1로 바뀐 것을 볼 수 있습니다. 그다음 count에 1을 더해서 다시 count에 저장하니 2로 바뀝니다. 이렇게 **변수의 값은 언제든지 변할 수 있습니다.**

PLUS 변수에 값을 저장한다?

많은 프로그래밍 언어에서 변수에 값을 저장한다고 합니다. 하지만 파이썬에서는 값을 저장한다기보다는 값에 이름을 붙이는 것에 더 가깝습니다. =를 사용해 변수에 값을 할당하면 컴퓨터의 어딘가에 값이 생성되고 변수의 이름은 생성된 값을 가리킵니다.

이 개념을 이해하기 어렵다면 변수에 값을 저장하는 것으로 알고 있어도 괜찮습니다. 이 책에서는 편의를 위해 '변수에 값을 저장한다'라고 표현하겠습니다.

◆ 변수 이름 짓기

변수의 이름은 무엇이든 상관없지만 가능하면 저장한 값을 잘 설명하는 것으로 짓는 편이 좋습니다. 변수 이름을 잘 지으면 전체 코드를 쉽게 읽을 수 있습니다. 변수 이름을 지을 때 지켜야 할 몇 가지 규칙이 있습니다.

- 문자와 숫자, _언더스코어를 사용할 수 있습니다.
- 대문자와 소문자를 구분합니다.
- 공백은 사용할 수 없습니다.
- 숫자로 시작할 수 없습니다.
- 미리 예약된 이름은 사용할 수 없습니다.

다음과 같은 이름은 변수의 이름으로 사용할 수 있습니다.

- i, my_int, count, numbers

다음과 같은 이름은 사용할 수 없습니다.

- 3rd_num, my string, if, for

PLUS 미리 예약한 이름

특정한 용도로 사용하기 위해 미리 예약한 이름을 키워드keyword라고 합니다. 키워드는 변수나 함수의 이름으로 사용할 수 없습니다. 다음 코드를 입력해서 파이썬의 키워드 리스트를 확인해보세요.

import는 8장 모아서 다시 쓰기 중 '모듈176쪽'에서 설명합니다.

```
>>> import keyword
>>> print(keyword.kwlist)
['False',    'None',      'True',      'and',     'as',      'assert',  'break',
 'class',    'continue',  'def',       'del',     'elif',    'else',    'except',
 'finally',  'for',       'from',      'global',  'if',      'import',  'in',
 'is',       'lambda',    'nonlocal',  'not',     'or',      'pass',    'raise',
 'return',   'try',       'while',     'with',    'yield']
```

2-3 일일 바리스타

예제

앨리스는 속으로 생각했어요.

'이렇게 한번 떨어지고 나면 계단에서 굴러떨어지는 일쯤은 아무것도 아니겠는걸!'

그때, 어디선가 향기로운 커피 향이 났어요. 주위를 살펴보니 작고 예쁜 카페가 하나 떨어지고 있었어요. 카페 주인인 거북이는 갑자기 들이닥친 많은 손님에 어쩔 줄 몰라 하고 있었어요.

거북이를 도와 손님들의 주문을 대신 받아 봅시다.

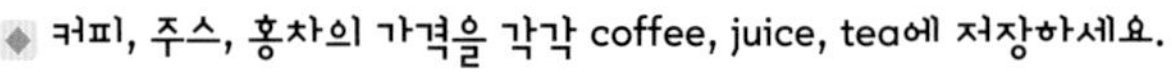

- 커피, 주스, 홍차의 가격을 각각 coffee, juice, tea에 저장하세요.
- 변수를 사용해 주문에 맞게 계산하고 각 금액을 출력하세요.
  - 주문서1 - 커피 3잔, 주스 2잔, 홍차 1잔
  - 주문서2 - 커피 4잔, 주스 3잔, 홍차 3잔
  - 주문서3 - 커피 1잔, 주스 1잔, 홍차 2잔

코드 2-11 변수를 사용해 음료의 총 금액을 계산하는 코드

```
>>> coffee = 4100
>>> juice = 4600
>>> tea = 3900
>>> print(coffee * 3 + juice * 2 + tea * 1)
25400
>>> print(coffee * 4 + juice * 3 + tea * 3)
41900
>>> print(coffee * 1 + juice * 1 + tea * 2)
16500
```

김왼손의 해설

음료의 가격을 변수에 저장해두면 다른 주문이 들어오더라도 다시 사용할 수 있습니다. 음료의 가격이 바뀌더라도 변수의 값만 바꾸면 되니 참 편리하죠? 예를 들어 홍차의 가격이 4000원으로 올랐을 때는 [코드 2-11]에 이어서 다음과 같이 입력하면 됩니다. 그리고 주문서2를 다시 처리해볼까요?

```
>>> tea = 4000
>>> print(coffee * 4 + juice * 3 + tea * 3)
42200
```

♠ 주석

주석comment은 사람을 위해 남기는 설명입니다. 컴퓨터는 주석을 무시하고 넘어갑니다. 코드를 작성하고 시간이 지나면 그 내용을 전부 기억하기 어렵습니다. 이때 주석은 코드를 설명하는 역할을 합니다. 다른 사람들이 내 코드를 볼 때도 주석이 있다면 내용을 파악하기 더 쉽겠죠?

주석 사람을 위해 남기는 설명

파이썬에서는 주석 처리에 #샵을 사용합니다. 컴퓨터는 # 뒤의 문장을 처리하지 않고 넘어갑니다.

코드 2-12 주석으로 내용을 설명하는 코드

```
>>> coffee = 4100  # 커피의 가격 ↵
>>> juice = 4600  # 주스의 가격 ↵
>>> tea = 3900  # 홍차의 가격 ↵
```

[코드 2-12]를 실행하면 # 뒤의 문장은 전혀 실행되지 않는 것을 확인할 수 있습니다. 주석은 필요한 부분에만 적절하게 사용해야 합니다. 코드와 관계없는 주석은 오히려 혼란을 줄 수 있으니 피하는 것이 좋습니다.

코드를 설명할 때뿐만 아니라 특정 문장을 잠시 제외하고 싶을 때도 주석을 사용합니다.

코드 2-13 주석으로 문장을 제외하는 코드

```
>>> print('토끼야 안녕!') ↵
토끼야 안녕!
>>> # print('토끼야 안녕!') ↵
>>>
```

[코드 2-13]에서 `print('토끼야 안녕!')` 문장 앞에 #을 넣으니 아무것도 출력하지 않는 것을 볼 수 있습니다.

♥ 한입에 쏙

♥ 기본 재료의 종류 20쪽

프로그램의 기본 재료를 자료라고 하고, 이를 종류에 따라 구분한 것을 자료형이라고 합니다. 이번 장에서는 숫자형과 문자열을 배웠습니다.

♥ 숫자형 20쪽

숫자형은 숫자로 이뤄진 자료형을 말합니다. 정수, 실수 등의 숫자를 다룰 수 있습니다.

```
>>> print(1)
1
>>> print(-2)
-2
>>> print(3.14)
3.14
```

♥ 더하기, 빼기, 곱하기, 나누기 22쪽

숫자끼리 더하기, 빼기, 곱하기, 나누기와 같은 사칙연산을 할 수 있습니다.

```
>>> print(1 + 2)
3
>>> print(3 - 2)
1
>>> print(2 * 4)
8
>>> print(6 / 3)
2.0
```

♥ 제곱, 몫, 나머지 23쪽

**, //, %는 각각 제곱, 몫, 나머지를 구할 때 사용합니다.

```
>>> print(5 ** 2)
25
>>> print(5 // 2)
2
>>> print(5 % 2)
1
```

♥ 문자열 26쪽

문자를 나열한 것을 문자열이라고 합니다. 문자열은 ' ' 또는 " "로 묶어서 표현합니다.

```
>>> print('Hello World!')
Hello World!
>>> print('3.14')
3.14
>>> print('토끼야 안녕!')
토끼야 안녕!
>>> print("토끼야 안녕!")
토끼야 안녕!
```

♥ 문자열 연산하기 27쪽

문자열에서 사용할 수 있는 연산자는 +와 *입니다. +는 여러 문자열을 연결하고 *는 문자열을 반복합니다.

```
>>> print('토끼' + '야 안녕!')
토끼야 안녕!
>>> print('다람쥐' + '야 안녕!')
다람쥐야 안녕!
>>> print('데굴' * 2)
데굴데굴
```

♥ 변수 31쪽

변수는 값을 저장하는 공간입니다. 값을 저장해두고 필요할 때마다 꺼내서 사용할 수 있습니다. =를 사용해 값을 저장합니다.

```
>>> rainbow = '빨주노초파남보' ⏎
>>> print(rainbow) ⏎
빨주노초파남보
```

변수라는 이름처럼 변수에 저장된 값은 변할 수 있습니다.

```
>>> count = 0 ⏎
>>> print(count) ⏎
0
>>> count = 1 ⏎
>>> print(count) ⏎
1
>>> count = count + 1 ⏎
>>> print(count) ⏎
2
```

♥ 변수 이름 짓기 33쪽

가능하면 저장된 값을 잘 설명하는 이름으로 짓는 것이 좋습니다. 변수 이름을 잘 지어 두면 코드를 파악하는 데 도움이 됩니다.

♥ 주석 36쪽

주석은 내용을 설명할 때 사용합니다. #으로 주석 처리를 할 수 있습니다.

```
>>> coffee = 4100  # 커피의 가격 ⏎
>>> juice = 4600  # 주스의 가격 ⏎
>>> tea = 3900  # 홍차의 가격 ⏎
```

연습문제

1. 아래와 같은 출력 결과가 나오도록 빈칸에 연산자를 넣어보세요.

```
>>> print(3 [  ] 1 [  ] 2)
2
>>> print(3 [  ] 1 [  ] 2)
4
>>> print(3 [  ] 1 [  ] 2)
1
```

2. 다음 코드의 출력 결과를 적어보세요.

```
>>> num1 = 9
>>> num2 = 2
>>> print(num1 // num2)
[  ]
>>> print(num1 % num2)
[  ]
```

3. 출력 결과가 다른 하나를 골라보세요.

① `print(8 / 2)`

② `print(2 * 2)`

③ `print(8.0 / 2)`

④ `print(8.5 // 2)`

4. 딸기 11개를 3명의 친구들에게 나눠주려고 합니다. 나눠주고 남는 딸기의 개수를 출력하는 코드로 올바른 것을 골라보세요.

① print(11 / 3)　　② print(11 % 3)

③ print(11 // 3)　　④ print(11 ** 3)

5. 다음 코드의 출력 결과를 적어보세요.

```
>>> print('2' + '4')
[    ]
```

6. 다음 코드의 출력 결과를 적어보세요.

```
>>> alphabets = 'abc' + 'de' + 'f'
>>> print(alphabets)
[            ]
```

7. 다음 코드의 출력 결과로 올바른 것을 골라보세요.

```
>>> print('말랑' * 2)
```

① 말랑2　　② 말랑 * 2

③ '말랑' * 2　　④ 말랑말랑

8. 다음 코드의 출력 결과를 적어보세요.

```
>>> count = 1
>>> count = count + 1
>>> count = 1
>>> print(count)
[    ]
```

9. 다음 코드의 출력 결과를 적어보세요.

```
>>> fruits = '자몽 레몬'
>>> print(fruits + ' 멜론')
[              ]
```

10. 다음 중 변수의 이름으로 적합한 것을 모두 고르세요.

① _fruits ② 2nd_candy

③ candy bag ④ student_id

칼럼 02

이상한 메시지가 나와요

```
Python 3.8.0 Shell
File  Edit  Shell  Debug  Options  Window  Help
Python 3.8.0 (tags/v3.8.0:fa919fd, Oct 14 2019, 19:21:23) [MSC v.1916 32 bit (Intel)] on win32
Type "help", "copyright", "credits" or "license()" for more information.
>>> print('토끼야 안녕')
토끼야 안녕
>>> print('토끼야 안녕)

SyntaxError: EOL while scanning string literal
>>> print 토끼야 안녕!')
SyntaxError: invalid syntax
>>> PRINT('토끼야 안녕!')
Traceback (most recent call last):
  File "<pyshell#3>", line 1, in <module>
    PRINT('토끼야 안녕!')
NameError: name 'PRINT' is not defined
>>> |
```

친구끼리 대화할 때는 실수로 한 단어 정도 빼먹는다고 해도 전혀 문제가 없죠. 하지만 파이썬은 한 글자라도 잘못 입력하면 이해하지 못하고 에러 메시지를 돌려줍니다. 프로그래밍을 하다 보면 수없이 많은 에러를 만나는데 이는 전문 프로그래머도 예외는 아닙니다.

에러 메시지를 만나면 겁내지 말고 차근차근 읽어보세요. 에러 메시지는 문제를 해결하기 위한 힌트입니다. 초보자가 만나는 에러는 대부분 오타 때문입니다. 에러 메시지가 나타나면 코드를 정확하게 입력했는지 다시 한번 살펴보세요.

코드를 정확하게 입력한 것 같은데 에러가 생긴다고요? 그렇다면 아예 처음부터 다시 시작해보세요. 분명히 틀린 부분이 있을 텐데 너무 익숙해져서 잘 안 보일 수도 있습니다. 컴퓨터는 거짓말을 하지 않거든요. 잠시 쉬었다가 다시 해보는 것도 좋은 방법입니다. 그래도 해결되지 않는다면 인터넷에 에러 메시지를 그대로 검색해보세요. 검색 방법은 다음 칼럼인 '구글 신은 모든 걸 알고 계셔[66쪽]'를 참고하세요.

chapter 3
재료 모으기

3장에서는

앞에서 배운 기본 재료를 모으는 방법을 살펴봅니다. 3장에서 배울 내용은 다음과 같습니다.

학습목표

+ 재료를 모으는 이유
+ 리스트 다루기

♠ 사탕 더미에 떨어지다

'이러다 지구를 뚫고 나가는 건 아닐까?' 하는 생각이 들 때 즈음 쿵! 소리를 내며 사탕 더미 위로 떨어졌어요. 앨리스는 조금도 다친 데가 없었으므로 곧바로 벌떡 몸을 일으켰어요. 배고픔이 몰려오기 시작한 앨리스는 사탕을 조금 챙기기로 하고 상자에 사탕을 담기 시작했어요.

코드 3-1 여러 개의 변수에 사탕을 저장하는 코드

```
>>> candy0 = '딸기맛' ↵
>>> print(candy0) ↵
딸기맛
>>> candy1 = '레몬맛' ↵
>>> print(candy1) ↵
레몬맛
>>> candy2 = '수박맛' ↵
>>> print(candy2) ↵
수박맛
>>> candy3 = '박하맛' ↵
>>> print(candy3) ↵
박하맛
>>> candy4 = '우유맛' ↵
>>> print(candy4) ↵
우유맛
```

정신없이 사탕을 담다 보니 상자가 5개나 되었어요. 상자가 너무 많아 도저히 들고 다닐 수 없겠군요. 상자 이름을 전부 기억하기도 어렵고요. 흠... 사탕 상자를 연달아 일렬로 붙여서 하나로 만들면 어떨까요?

코드 3-2 여러 개의 사탕을 하나의 변수에 저장하는 코드

```
>>> candies = ['딸기맛', '레몬맛', '수박맛', '박하맛', '우유맛'] ↵
>>> print(candies) ↵
['딸기맛', '레몬맛', '수박맛', '박하맛', '우유맛']
```

사탕을 일렬로 붙인 상자에 한 번에 모으면 각각의 상자에 담는 것보다 더욱 간편하고 효율적으로 사탕을 관리할 수 있습니다. 파이썬은 기본 재료를 한꺼번에 모을 수 있는 다양한 방법이 있습니다. 그중 가장 중요하고 많이 사용하는 방법이 바로 리스트[list]입니다.

♣ 리스트 기본 구조

리스트는 기본 재료를 함께 모을 수 있는 자료형입니다. 이름 하나로 여러 값을 한꺼번에 관리할 수 있습니다. 리스트는 정말 자주 사용하므로 잘 알아두면 좋습니다. 리스트는 다음과 같이 생겼습니다.

리스트 여러 값을 함께 모을 수 있는 자료형

[값1, 값2, 값3, …]

리스트는 [][대괄호]와 ,[콤마]를 사용해서 만듭니다. 숫자형, 문자열 등 무슨 자료형이든 함께 저장할 수 있는데 저장하는 값1, 값2, 값3 등등은 같은 자료형이 아니어도 상관없습니다.

코드 3-3 리스트를 만드는 코드

```
>>> my_list1 = []
>>> print(my_list1)
[]
>>> my_list2 = [1, -2, 3.14]
>>> print(my_list2)
[1, -2, 3.14]
>>> my_list3 = ['앨리스', 10, [1.0, 1.2]]
>>> print(my_list3)
['앨리스', 10, [1.0, 1.2]]
```

[] 안에 아무것도 넣지 않은 빈 리스트 my_list1을 만듭니다.

위의 코드를 볼까요? my_list1처럼 [] 안에 아무런 값도 넣지 않으면 비어있는 리스트를 만들 수 있습니다. my_list2는 1, -2, 3.14를 값으로 가지고 있습니다. 각 숫자를 ,로 구분하고 있죠? my_list3처럼 **리스트에 저장하는 값은 같은 종류의 자료형이 아니어도 상관없습니다.**

PLUS 문자열과 리스트

문자열이나 리스트처럼 순서가 정해진 여러 개의 값을 가진 자료형을 순서열sequence이라고 합니다. 순서열끼리는 서로 유사한 점이 많습니다. 리스트가 문자열과 다른 점은 값을 변경할 수 있고 다양한 자료형을 모아서 저장할 수 있다는 점입니다.

PLUS 값 = 항목 = 요소

리스트의 값을 항목item이나 요소element라고도 합니다. 모두 같은 뜻이지만 이 책에서는 이해하기 쉽게 조금 더 익숙한 '값'을 사용하겠습니다.

♥ 값 추가하기

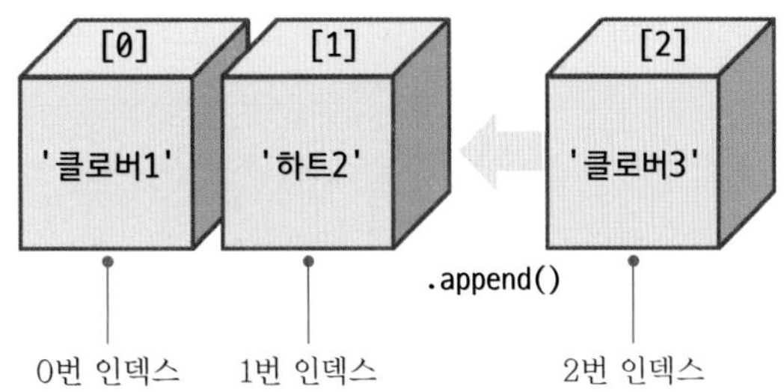

리스트에 값을 추가하려면 append()라는 메소드를 사용합니다. 리스트나 리스트의 이름 뒤에 .마침표를 넣고 append()의 ()소괄호 안에 추가할 값을 넣어 줍니다. append()를 사용하면 해당 리스트의 뒤에 값을 하나씩 추가할 수 있습니다.

리스트.append(추가할_값)

메소드는 특정 자료형에서만 사용할 수 있는 함수를 말합니다. 함수는 반복되는 코드를 모아서 이름을 붙인 것입니다. 우리가 여태껏 사용해왔던 print()도 함수입니다. 아직은 함수나 메소드 같은 용어는 몰라도 괜찮습니다. 일단 이런 게 있다 정도로만 알고 있으면 됩니다.

코드 3-4 리스트에 값을 추가하는 코드

```
>>> clovers = []
>>> clovers.append('클로버1')
>>> print(clovers)
['클로버1']
>>> clovers.append('하트2')
>>> print(clovers)
['클로버1', '하트2']
>>> clovers.append('클로버3')
>>> print(clovers)
['클로버1', '하트2', '클로버3']
```

clovers 리스트에 .append()로 '클로버1'을 추가합니다.

코드를 봅시다. 일단 clovers라는 이름의 빈 리스트를 만듭니다. 그다음 append()로 값을 하나씩 추가하면서 리스트를 출력합니다. **'클로버1'**, **'하트2'**, **'클로버3'**이 리스트의 뒤에 차례대로 추가되는 것을 볼 수 있습니다.

PLUS 왜 빈 리스트가 필요할까요?

리스트가 없다면 값을 추가할 수 없기 때문이죠. 라면 끓이기를 예로 들어볼까요? 라면을 끓이려면 일단 빈 냄비에 물, 면, 스프 등의 재료를 넣어야겠죠. 만약 냄비가 없다면 재료를 넣을 수 없으니 라면을 끓일 수 없습니다. 빈 냄비의 역할을 하는 것이 바로 빈 리스트입니다.

연산 결과를 리스트에 저장하려고 한다면 어떤 값을 추가할지는 연산이 끝난 후에나 알 수 있겠죠. 이럴 때는 빈 리스트를 먼저 만들어 두고 나중에 연산 결과를 추가하면 됩니다.

PLUS 값을 원하는 위치에 추가할 수는 없나요?

append()는 값을 추가하는 가장 기본적인 방법입니다. 이외에도 값을 추가하는 다양한 방법이 있습니다. insert()를 사용하면 리스트의 원하는 위치에 값을 추가할 수 있습니다. 다른 방법도 알고 싶다면 구글에서 'python list 추가하기'라고 검색해보세요.

```
>>> clovers = ['클로버1', '클로버3']
>>> print(clovers)
['클로버1', '클로버3']
>>> clovers.insert(1, '하트2')
>>> print(clovers)
['클로버1', '하트2', '클로버3']
```

1번 인덱스에 **'하트2'**를 추가한다는 의미입니다. 인덱스는 바로 아래에 설명해두었습니다.

◆ 값에 접근하기

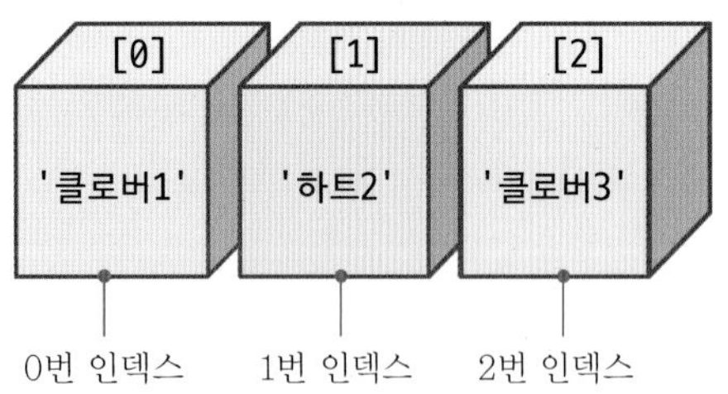

우리가 살고 있는 집은 모두 주소가 있습니다. 이와 비슷하게 리스트의 각 값도 인덱스index라는 주소를 가지고 있습니다. 인덱스는 0부터 시작하는 숫자입니다. 인덱스를 사용해서 원하는 값을 가져오거나 변경할 수 있습니다.

인덱스 0부터 시작하는 각 값의 주소
인덱싱 인덱스로 리스트의 값에 접근하는 것

리스트의 값에 접근할 때는 []대괄호를 사용합니다. [] 안에 인덱스를 넣어주면 그 값을 가져올 수 있습니다. 인덱스가 리스트의 크기보다 크면 에러가 발생하니 유의해야 합니다.

리스트[접근할_인덱스]

코드 3-5 리스트의 값에 접근하는 코드

```
>>> clovers = ['클로버1', '하트2', '클로버3']
>>> print(clovers[1])
하트2
>>> clovers[1] = '클로버2'
>>> print(clovers[1])
클로버2
>>> print(clovers[3])
Traceback (most recent call last):
  File "<pyshell#15>", line 1, in <module>
    print(clovers[3])
IndexError: list index out of range
```

clovers 리스트의 1번 인덱스에 접근합니다.

clovers에서 1번 인덱스의 '하트2'를 가져오려 합니다. 코드를 봅시다. 리스트 이름 clovers 다음에 []를 쓰고 그 안에 1을 넣어 '하트2'를 가져옵니다. 값을 변경할 때도 인덱스를 사용합니다. clovers[1] = '클로버2'에서는 1번 인덱스와 =를 사용해 '하트2'를 '클로버2'로 변경합니다.

clovers는 값의 개수가 총 3개입니다. 인덱스는 0부터 시작하기 때문에 clovers[3]처럼 마지막 인덱스인 2를 넘는 인덱스를 사용하면 에러가 발생합니다.

PLUS 리스트의 가장 마지막 값을 가져오고 싶어요.

리스트의 개수를 알지 못하더라도 마지막 값을 가져올 수 있는 방법이 있습니다. 바로 음수를 인덱스로 사용하는 겁니다. 가장 첫 번째 값이 0번 인덱스였죠? 가장 마지막 값은 -1번 인덱스입니다. 뒤에서부터 -1, -2, -3, … 차례로 작아지는 인덱스를 사용해 값을 가져올 수 있습니다.

```
>>> clovers = ['클로버1', '하트2', '클로버3']
>>> print(clovers[-2])
하트2
>>> clovers[-2] = '클로버2'
>>> print(clovers[-2])
클로버2
```

♠ 값 제거하기

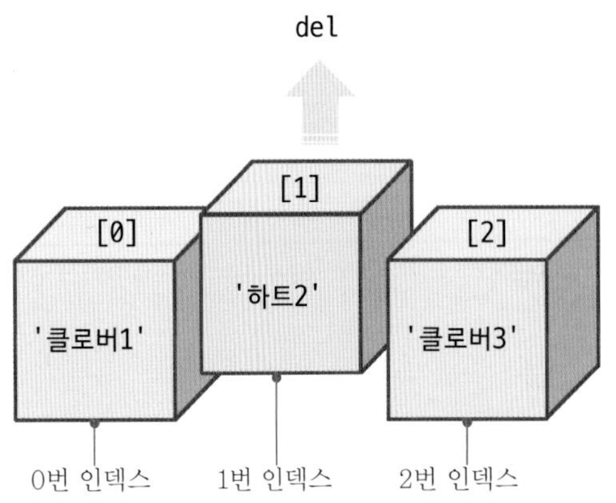

키워드 특정한 용도로 사용하기 위해 미리 예약한 이름

리스트에서 값을 제거할 때는 del이라는 키워드를 사용합니다. 인덱스를 사용해 특정 위치의 값을 제거할 수 있습니다. 값을 하나 제거하면 그 뒤에 있는 값들의 인덱스는 하나씩 줄어듭니다.

del 리스트[제거할_인덱스]

코드 3-6 리스트에서 값을 제거하는 코드

```
>>> clovers = ['클로버1', '클로버2', '클로버3']
>>> print(clovers[1])
클로버2
>>> del clovers[1]
>>> print(clovers)
['클로버1', '클로버3']
>>> print(clovers[1])
클로버3
```

del 키워드로 clovers 리스트의 1번 인덱스를 제거합니다.

clovers의 값 중 '클로버2'를 제거하려고 합니다. 코드를 볼까요? del 키워드 다음에 리스트의 이름 clovers를 쓰고 [] 안에 1을 넣으면 1번 인덱스의 값 '클로버2'를 제거할 수 있습니다. '클로버2'가 제거된 후에는 '클로버3'이 1번 인덱스로 바뀝니다.

3-1 박하맛 사탕이 싫어요

정신없이 사탕을 줍던 앨리스는 자신도 모르게 싫어하는 박하맛 사탕까지 넣어버렸어요.

"박하맛 사탕은 도대체 무슨 맛으로 먹는지 모르겠단 말이야."

상자를 살펴보던 앨리스가 혼자 중얼거렸어요.

맛있어 보이는 콜라맛, 포도맛 사탕은 더 넣고, 싫어하는 박하맛 사탕은 버려봅시다.

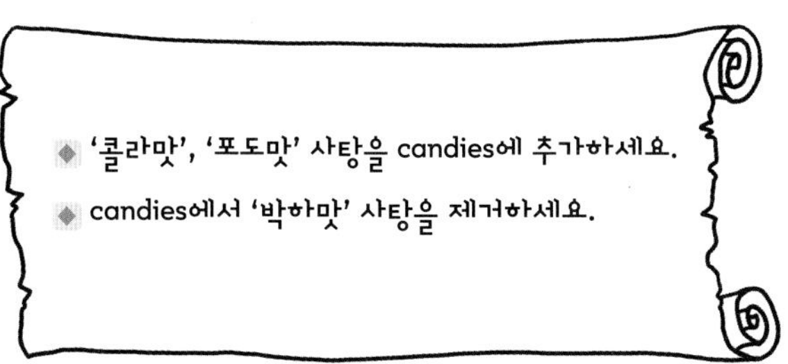

예제

코드 3-7 사탕을 추가하고 제거하는 코드

```
>>> candies = ['딸기맛', '레몬맛', '수박맛', '박하맛', '우유맛']
>>> print(candies)
['딸기맛', '레몬맛', '수박맛', '박히맛', '우유맛']
>>> candies.append('콜라맛')
>>> candies.append('포도맛')
>>> print(candies)
['딸기맛', '레몬맛', '수박맛', '박하맛', '우유맛', '콜라맛', '포도맛']
>>> del candies[3]
>>> print(candies)
['딸기맛', '레몬맛', '수박맛', '우유맛', '콜라맛', '포도맛']
```

김왼손의 해설

append()로 '콜라맛'과 '포도맛'을 추가하고 del로 3번 인덱스의 '박하맛'을 제거했습니다. 인덱스는 0부터 시작한다는 점, 잊지 않았겠죠?

♣ 여러 값 가져오기

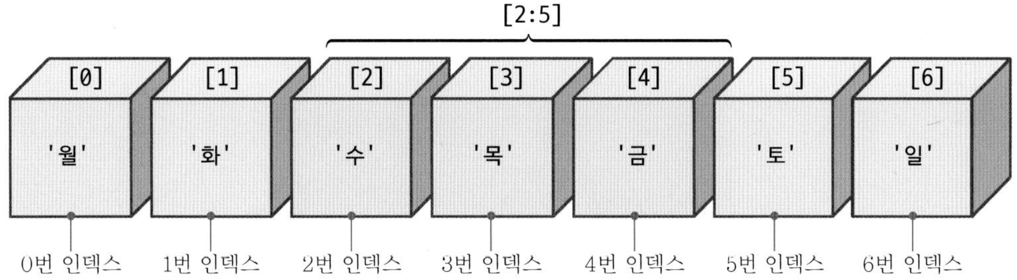

여러 개의 값을 한꺼번에 가져오는 방법도 있습니다. 마트에 가면 치즈 덩어리에서 잘라낸 슬라이스 치즈를 팔죠. 리스트에서 여러 값을 잘라서 가져오는 것도 이와 비슷하게 슬라이싱이라고 합니다. 치즈를 잘라내도 치즈인 것처럼 **리스트를 잘라내서 가져온 것도 리스트**입니다. 슬라이싱에는 []대괄호와 :콜론을 사용합니다. : 앞에는 시작 인덱스를 적어주고, : 다음에는 끝나는 인덱스+1을 적어줍니다. 잘라낸 만큼의 값을 복사하는 방식이라 **잘랐지만 원본 리스트는 변하지 않습니다.**

> **슬라이싱** 여러 개의 값을 잘라서 가져오는 것

리스트[시작_인덱스:끝_인덱스+1]

코드 3-8 리스트에서 여러 개의 값을 가져오는 코드

```
>>> week = ['월', '화', '수', '목', '금', '토', '일']
>>> print(week)
['월', '화', '수', '목', '금', '토', '일']
>>> print(week[2:5])
['수', '목', '금']
>>> print(week)
['월', '화', '수', '목', '금', '토', '일']
```


week에서 '수', '목', '금'을 가져오려면 2번 인덱스와 3번 인덱스, 4번 인덱스의 값을 가져와야 합니다. [] 안의 : 앞에는 시작 인덱스인 2, 뒤에는 끝나는 인덱스+1인 5를 넣어줍니다. 슬라이싱을 한 뒤에도 week는 그대로인 것을 볼 수 있습니다.

예제

3-2 배고픈 동물 친구들

기슭에 모인 동물들의 모습은 너무나 가여웠어요. 체셔고양이의 귀는 풀이 죽어 있었고 오리는 도도새의 날개에 기대어 있었는데 다들 배고파서 힘들고 지친 기색이었어요.

'아까 주운 사탕을 나눠줘야겠어.'

사탕을 나눠주기 위해 앨리스는 모두를 한 줄로 세웠어요. 이제 가여운 동물 친구들에게 사탕을 나눠줘 볼까요?

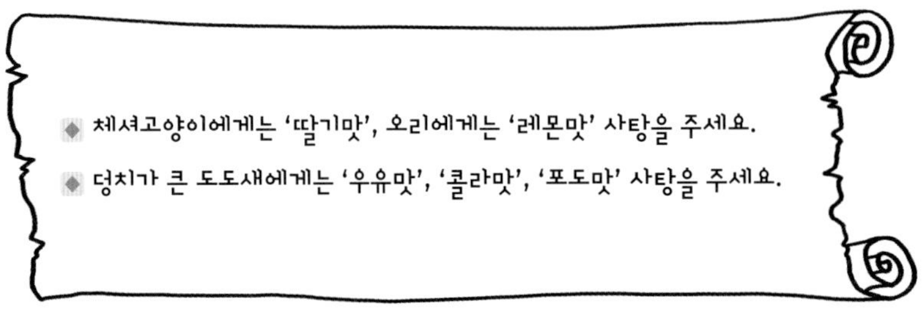

코드 3-9 리스트에서 값을 가져오는 코드

```
>>> candies = ['딸기맛', '레몬맛', '수박맛', '우유맛', '콜라맛', '포도맛']
>>> cat_candy = candies[0]
>>> print('체셔고양이에게는', cat_candy, '사탕을 줘요.')
체셔고양이에게는 딸기맛 사탕을 줘요.
>>> duck_candy = candies[1]
>>> print('오리에게는', duck_candy, '사탕을 줘요.')
오리에게는 레몬맛 사탕을 줘요.
>>> dodo_candies = candies[3:6]
>>> print('도도새에게는', dodo_candies, '사탕을 줘요.')
도도새에게는 ['우유맛', '콜라맛', '포도맛'] 사탕을 줘요.
```

김왼손의 해설

체셔고양이와 오리에게는 인덱싱으로 사탕을 하나씩 나눠줍니다. 덩치가 큰 도도새에게 줄 사탕은 3번 인덱스부터 5번 인덱스까지 차례로 저장되어 있기 때문에 슬라이싱을 사용했습니다. print()는 여러 개의 값을 출력할 수도 있습니다. 각 값은 ,[콤마]로 구분합니다.

♥ 정렬하기

리스트를 쉽게 다룰 수 있게 도와주는 다양한 메소드가 있습니다. 그 중 대표적인 것을 몇 개 살펴보겠습니다. sort()는 리스트의 값을 알파벳이나 한글의 자모, 숫자 크기 순으로 정렬합니다.

리스트.sort()

코드 3-10 리스트의 문자열을 정렬하는 코드

```
>>> animals = ['체셔고양이', '오리', '도도새'] ↵
>>> animals.sort() ↵
>>> print(animals) ↵
['도도새', '오리', '체셔고양이']
```

animals를 sort()로 정렬하면 가나다 순서인 **'도도새'**, **'오리'**, **'체셔고양이'**로 바뀝니다. 영어나 숫자도 이와 마찬가지로 정렬할 수 있습니다. 다른 언어에서는 정렬 기능을 직접 만들어서 사용해야 하는 경우가 많지만 파이썬에서는 sort()로 간편하게 정렬할 수 있습니다.

PLUS 거꾸로 정렬하는 방법은 없나요?

sort()를 사용해서 정렬하는 방법을 배웠는데 그러면 거꾸로는 어떻게 정렬할 수 있을까요? sort()의 () 안에 reverse=True를 넣어주면 [코드 3-10]의 animals를 **'체셔고양이'**, **'오리'**, **'도도새'**의 순서로 만들 수 있습니다.

```
>>> animals = ['체셔고양이', '오리', '도도새'] ↵
>>> animals.sort() ↵
>>> print(animals) ↵
['도도새', '오리', '체셔고양이']
>>> animals.sort(reverse=True) ↵
>>> print(animals) ↵
['체셔고양이', '오리', '도도새']
```

◆ 개수 세기

count()를 사용하면 리스트에 해당 값이 몇 개 있는지 셀 수 있습니다.

리스트.count(세어볼_값)

코드 3-11 리스트에서 특정 값의 개수를 세는 코드

```
>>> cards = ['하트', '클로버', '하트', '다이아']
>>> print(cards.count('하트'))
2
>>> print(cards.count('클로버'))
1
```

[코드 3-11]을 살펴봅시다. cards에는 '하트'가 2개, '클로버'가 1개, '다이아'가 1개 저장되어 있습니다. count()를 사용하면 각 값의 개수를 직접 세지 않더라도 알 수 있습니다. cards처럼 작은 리스트는 값이 몇 개 없으니 직접 셀 수 있지만, 리스트의 크기가 커지면 count()를 사용하는 편이 더 효율적입니다.

PLUS 이런 메소드를 전부 외워야 하나요?

메소드를 하나 하나 외우는 것은 중요하지 않습니다. 이런 게 있다 정도만 알고 있고 필요할 때 검색해서 사용할 수 있으면 됩니다. 자세한 사용 방법은 인터넷에서 언제든지 찾아볼 수 있으니까요. 지금 바로 구글에서 'python method' 또는 '파이썬 메소드'라고 검색해보세요.

♥ 한입에 쏙

♥ 재료를 모으는 이유 46쪽

많은 수의 값을 다뤄야 할 때 각각의 변수에 저장하는 것보다 한꺼번에 모으는 편이 더욱 간편하고 효율적입니다.

♥ 리스트 만들기 47쪽

리스트는 기본 재료를 함께 모을 수 있는 자료형입니다. [ ]와 ,를 사용해 리스트를 만듭니다.

```
>>> my_list1 = []
>>> print(my_list1)
[]
>>> my_list2 = [1, -2, 3.14]
>>> print(my_list2)
[1, -2, 3.14]
>>> my_list3 = ['앨리스', 10, [1.0, 1.2]]
>>> print(my_list3)
['앨리스', 10, [1.0, 1.2]]
```

♥ 값 추가하기 48쪽

append()로 리스트에 값을 추가할 수 있습니다.

```
>>> clovers = []
>>> clovers.append('클로버1')
>>> print(clovers)
['클로버1']
>>> clovers.append('하트2')
>>> print(clovers)
['클로버1', '하트2']
>>> clovers.append('클로버3')
>>> print(clovers)
['클로버1', '하트2', '클로버3']
```

♥ 값에 접근하기 50쪽

리스트의 각 값은 인덱스라는 주소를 가지고 있습니다. 인덱스로 원하는 값을 가져오거나 변경할 수 있습니다. 이 방법을 인덱싱이라고 합니다.

```
>>> clovers = ['클로버1', '하트2', '클로버3'] ⏎
>>> print(clovers[1]) ⏎
하트2
>>> clovers[1] = '클로버2' ⏎
>>> print(clovers[1]) ⏎
클로버2
```

♥ 값 제거하기 52쪽

del 키워드로 특정 인덱스의 값을 제거할 수 있습니다.

```
>>> clovers = ['클로버1', '클로버2', '클로버3'] ⏎
>>> print(clovers[1]) ⏎
클로버2
>>> del clovers[1] ⏎
>>> print(clovers) ⏎
['클로버1', '클로버3']
>>> print(clovers[1]) ⏎
클로버3
```

♥ 여러 값 가져오기55쪽

여러 값을 잘라서 가져오는 것을 슬라이싱이라고 합니다. [ ]와 :을 사용하고 : 앞의 인덱스부터 뒤의 인덱스 바로 전까지의 값을 가져옵니다.

```
>>> week = ['월', '화', '수', '목', '금', '토', '일'] ⏎
>>> print(week) ⏎
['월', '화', '수', '목', '금', '토', '일']
>>> print(week[2:5]) ⏎
['수', '목', '금']
>>> print(week) ⏎
['월', '화', '수', '목', '금', '토', '일']
```

♥ 정렬하기58쪽

리스트를 쉽게 다룰 수 있게 도와주는 다양한 메소드가 있습니다. sort()는 리스트 안의 값을 정렬합니다.

```
>>> animals = ['체셔고양이', '오리', '도도새'] ⏎
>>> animals.sort() ⏎
>>> print(animals) ⏎
['도도새', '오리', '체셔고양이']
```

♥ 개수 세기59쪽

count()는 리스트에서 해당 값의 개수를 셉니다.

```
>>> cards = ['하트', '클로버', '하트', '다이아'] ⏎
>>> print(cards.count('하트')) ⏎
2
>>> print(cards.count('클로버')) ⏎
1
```

연습문제

1. 아래와 같은 출력 결과가 나오도록 빈칸을 채워보세요.

```
>>> nums = [            ]
>>> print(nums)
[1, 2, 3]
```

2. 다음 코드의 출력 결과를 적어보세요.

```
>>> fruits = []
>>> print(fruits)

>>> fruits.append('자몽')
>>> print(fruits)

>>> fruits.append('멜론')
>>> print(fruits)

>>> fruits.append('레몬')
>>> print(fruits)

```

3. 다음 코드의 출력 결과를 적어보세요.

```
>>> fruits = ['자몽', '멜론', '레몬']
>>> print(fruits[1])

```

4. 아래와 같은 출력 결과가 나오도록 빈칸을 채워보세요.

```
>>> fruits = ['자몽', '멜론', '레몬']
>>> print(fruits)
['자몽', '멜론', '레몬']
>>> [          ]
>>> print(fruits)
['멜론', '레몬']
```

5. 다음 코드의 실행 결과를 골라보세요.

```
>>> fruits = ['멜론', '레몬']
>>> fruits[1] = '거봉'
>>> print(fruits)
[          ]
```

① ['멜론', '레몬'] ② ['멜론', '거봉']

③ ['거봉', '레몬'] ④ ['거봉', '멜론']

6. 아래와 같은 출력 결과가 나오도록 빈칸을 채워보세요.

```
>>> nums = [1, 3]
>>> [          ]
>>> nums.append(3)
>>> [          ]
>>> print(nums)
[1, 2, 3, 4]
```

7. 다음 코드의 출력 결과를 적어보세요.

```
>>> nums = [1, 2, 3, 4, 5]
>>> print(nums[2])
[      ]
>>> print(nums[-3])
[      ]
```

8. 다음 코드의 출력 결과를 적어보세요.

```
>>> nums = [1, 2, 3, 4, 5]
>>> print(nums[0:3])
[            ]
>>> print(nums[2:5])
[            ]
```

9. 다음 코드의 출력 결과를 적어보세요.

```
>>> nums = [1, 1, 1, 2, 2, 3]
>>> print(nums.count(1))
[      ]
```

10. 아래와 같은 출력 결과가 나오도록 빈칸을 채워보세요.

```
>>> fruits = ['멜론', '거봉', '레몬']
>>> print(fruits)
['멜론', '거봉', '레몬']
>>> fruits.[            ]
>>> print(fruits)
['거봉', '레몬', '멜론']
```

칼럼 03

구글 신은 모든 걸 알고 계셔

• http://www.google.com

문제에 부딪혔을 땐 구글에 검색해보세요. 구글에 검색하는 것을 구글링Googling이라고 하는데, 전문 프로그래머에게도 구글링은 자연스러운 일상입니다. 내가 마주친 문제는 누군가 이미 먼저 경험했던 문제이고, 내가 만들려고 하는 기능은 누군가 먼저 만들었을 수 있습니다. 검색만 잘해도 책이나 강의 없이도 혼자 공부할 수 있습니다.

파이썬은 한국어보다 영어 자료가 훨씬 많습니다. 영어에 어려움이 없다면 'python list sorting'처럼 영어로 검색하는 걸 추천합니다. 하지만 영어에 자신이 없어도 걱정하지 마세요. 파이썬을 처음 배울 때는 한국어 자료만으로도 충분하거든요. '파이썬 리스트 정렬'처럼 검색할 때 한국어 키워드를 포함하면 한국어 자료를 찾을 수 있습니다.

파이썬 관련 내용을 검색하면 스택오버플로(http://stackoverflow.com)라는 사이트를 자주 만난다고 했죠? 영문 사이트이지만 영어를 잘 몰라도 괜찮습니다. 일단 질문보다는 추천을 많이 받은 답변, 그중에서도 코드를 먼저 살펴보세요. 어떤 방법을 사용해서 문제를 해결했는지 확인할 수 있을 겁니다. 그래도 문제가 해결되지 않았다면 답변에서 중요 키워드를 선택해 다시 검색하세요.

chapter 4
횟수로 반복하기

4장에서는

횟수가 정해졌을 때 반복하는 방법을 살펴봅니다. 4장에서 배울 내용은 다음과 같습니다.

학습목표

+ 반복 구조가 필요한 이유
+ 횟수로 반복하는 방법

♠ 전국 거북이 마라톤

옆을 보니 거북이 100마리가 엉금엉금 열심히 달려가고 있었어요. 거북이들은 등껍질에 0번부터 99번까지 번호표를 달고 있었어요. 거북이 모두에게 차례로 인사를 해볼까요? 이 작업을 하려면 [코드 4-1]처럼 print()를 100번이나 사용해야 합니다.

코드 4-1 거북이 100마리에게 인사하는 코드

```
print('안녕 거북이 0')
print('안녕 거북이 1')
        .
        .
        .
print('안녕 거북이 98')
print('안녕 거북이 99')
```

↳ 실행화면

```
안녕 거북이 0
안녕 거북이 1
    .
    .
    .
안녕 거북이 98
안녕 거북이 99
```

휴... 거북이 100마리에게 겨우 인사를 다 했어요. 그런데 99번 거북이에게 물어보니 이 시합에는 총 5,000마리의 거북이가 참가했다고 해요. 위 방법으로 5,000마리에게 인사를 한다고 하면 어떨까요? 복사, 붙여넣기를 아무리 잘한다고 하더라도 꽤 힘든 작업이 될 겁니다.

파이썬에는 [코드 4-2]처럼 단 두 줄로 끝내는 방법이 있습니다.

코드 4-2 거북이 5,000마리에게 인사하는 코드

```
for num in range(5000):
    print('안녕 거북이', num)
```

↳ 실행화면

```
안녕 거북이 0
안녕 거북이 1
    .
    .
    .
안녕 거북이 4998
안녕 거북이 4999
```

사람은 이런 반복 작업을 힘들어합니다. 하지만 컴퓨터는 눈 감고도 해치울 수 있죠. 컴퓨터는 사람보다 훨씬 더 쉽고 빠르고 정확하게 반복 작업을 마칠 수 있습니다. 이런 귀찮고 지루한 작업을 전부 컴퓨터에 떠넘기면 우리는 더 중요한 일에 집중할 수 있습니다.

이번 장에서는 반복하는 방법을 배웁니다. 파이썬에서 반복하는 방법은 두 가지인데 하나는 `for`, 다른 하나는 `while`입니다. 횟수가 정해졌을 때는 `for`, 조건이 정해졌을 때는 `while`을 많이 사용합니다. (`while`은 6장에서 다룰 예정입니다.) 보통 이렇게 많이 사용하는 것뿐, 꼭 그래야 하는 법은 없습니다.

♣ IDLE 에디터

4장부터는 [코드 4-1]이나 [코드 4-2]처럼 대화형 셸에서 실습하기 어려운 여러 줄의 예제가 많습니다. 이럴 때 유용한 기능이 바로 IDLE의 에디터입니다. IDLE의 **에디터에서는 여러 줄의 코드를 작성한 후 한 번에 실행할 수 있습니다.**

1 대화형 셸에서 ❶File → ❷New File을 클릭합니다.

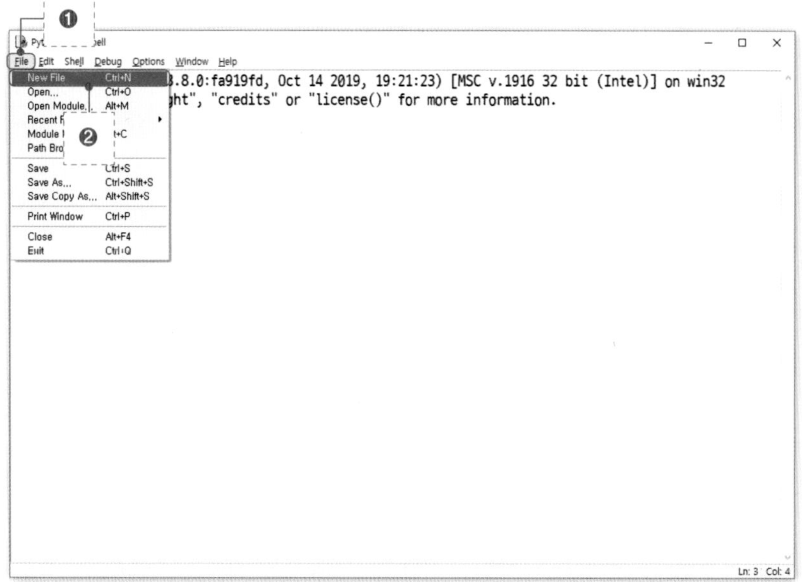

2 에디터에 코드를 작성합니다.

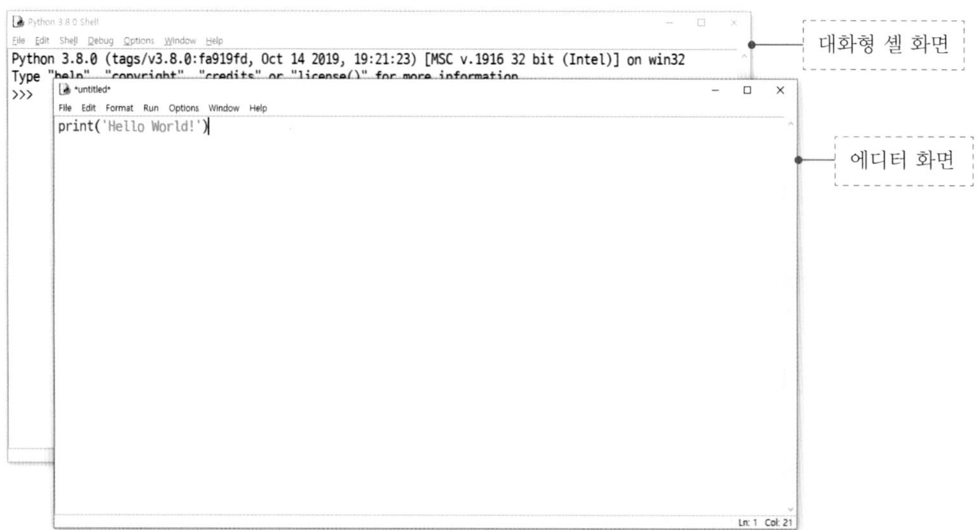

3 ❸File → ❹Save로 코드를 저장합니다. 저는 hello_world.py로 이름을 지정했습니다. 코드를 저장하는 단축키는 Ctrl+S입니다.

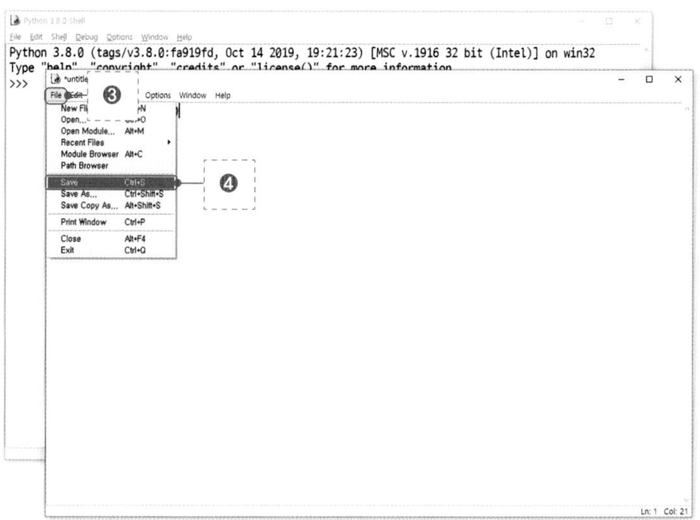

PLUS **저장 폴더와 파일 이름**

파일을 저장하려고 하면 폴더와 파일 이름을 지정하라는 창이 뜹니다. 폴더 이름은 자유롭게 정해도 상관없지만, 복습을 위해 파일 이름은 책의 코드 번호(4_1.py)와 같게 지정하는 것을 추천합니다.

4 코드를 실행하려면 ❺Run → ❻Run Module을 클릭합니다. 단축키는 F5입니다.

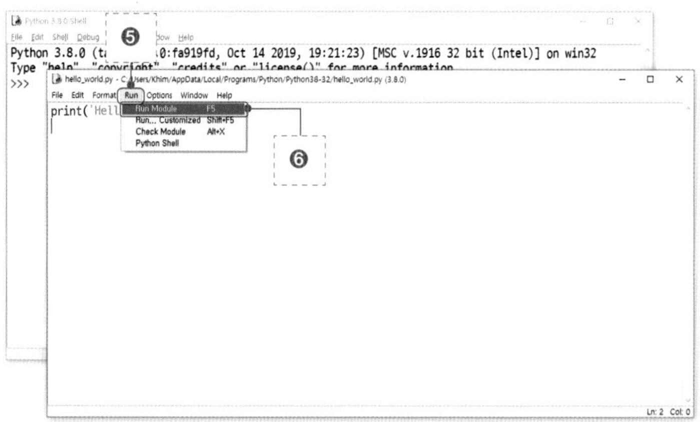

5 실행한 다음 대화형 셸에서 결과를 확인합니다.

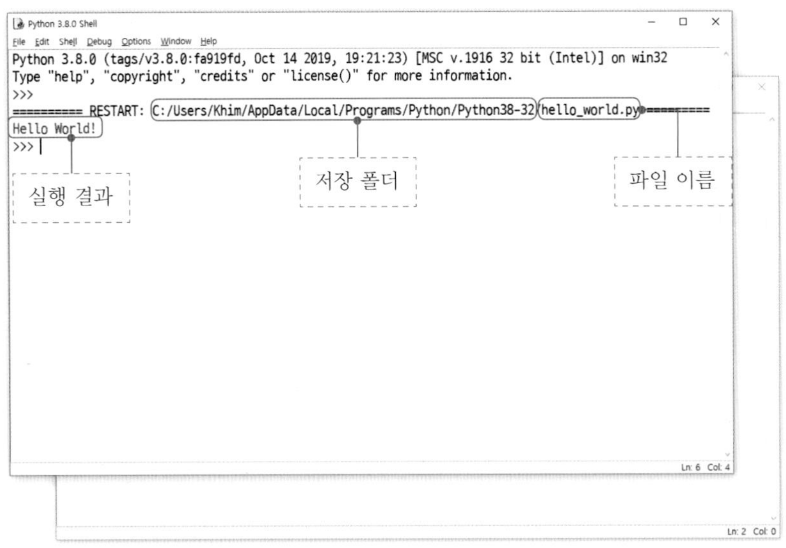

PLUS IDLE의 두 가지 모드

IDLE은 대화형 셸과 에디터, 두 가지 모드가 있습니다. 각자의 장점이 있으므로 앞으로는 두 가지 모드를 모두 사용할 예정입니다. >>>가 표시된 곳은 대화형 셸로, 라인 번호가 표시된 곳은 에디터로 작성하면 됩니다.

♥ for 기본 구조

for는 리스트와 함께 사용할 수 있습니다. 리스트는 여러 값을 함께 모아 저장하는 자료형이었죠. for를 사용하면 리스트의 각 값을 순서대로 가져와 반복 작업을 처리할 수 있습니다. for의 기본 구조는 다음과 같습니다.

for 반복 작업에 사용하는 키워드
코드블록 실행할 명령을 묶은 단위

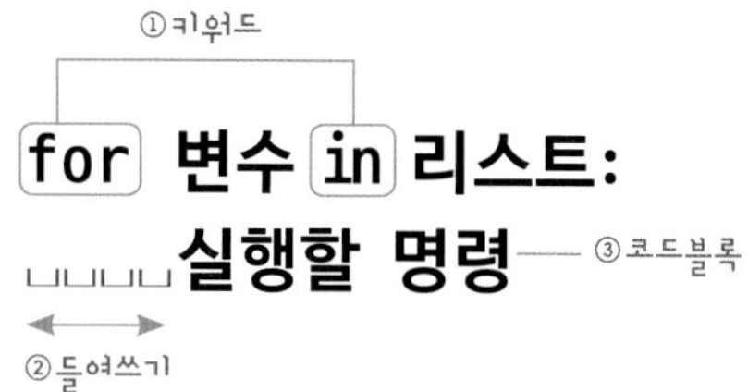

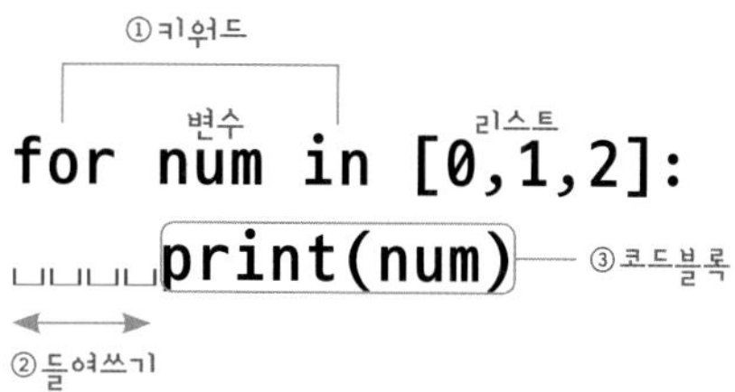

일단 for라는 키워드가 필요합니다. for와 in 같은 ①키워드는 특정한 용도로 사용하려고 예약한 이름이라고 했었죠[33쪽]. for 다음에는 한 칸 띄고 이어서 변수가 나오네요. 이 변수에는 리스트에서 가져온 값을 잠시 저장합니다. 변수에 들어가는 값은 in 뒤의 리스트에서 하나씩 꺼냅니다.

:[콜론] 다음 줄에는 실행할 명령이 있는데 이 부분을 ③코드블록[code block]이라고 하고 리스트의 마지막 값을 가져올 때까지 코드블록을 반복합니다. 파이썬에서는 코드블록을 구분하기 위해 :과 ②들여쓰기를 사용합니다. 들여쓰기는 잠시 후 살펴보겠습니다[77쪽].

여태까지는 코드를 실행하면 컴퓨터가 위에서 아래로 순서대로 한 줄씩 실행했었죠. 하지만 for는 이 흐름을 바꿉니다. for를 만나면 리스트의 모든 값을 가져올 때까지 코드블록을 반복합니다.

코드 4-3 리스트의 숫자를 차례대로 출력하는 코드

```
01: for num in [0, 1, 2]:
02:     print(num)
```

↳ 실행화면

```
0
1
2
```

코드를 보면 일단 1번 라인에서 리스트의 가장 첫 번째 값인 0을 가져와 num에 저장합니다. 그다음 2번 라인에서 num을 출력하네요. for는 리스트의 마지막 값을 가져올 때까지 반복한다고 했죠? 따라서 다시 1번 라인으로 돌아와 리스트의 두 번째 값인 1을 가져와서 출력한 뒤, 리스트의 마지막 값인 2까지 가져와서 출력하면 반복을 마칩니다. 결과적으로 0, 1, 2가 순서대로 출력됩니다.

for로 리스트의 문자열을 출력해볼까요?

코드 4-4 리스트의 문자열을 차례대로 출력하는 코드

```
01: characters = ['앨리스', '도도새', '3월토끼']
02: for character in characters:
03:     print(character)
```

↳ 실행화면

```
앨리스
도도새
3월토끼
```

1번 라인에서 캐릭터 이름을 characters에 저장합니다. 그다음 2번 라인에서 characters의 이름을 하나씩 가져와 character에 저장한 뒤 3번 라인에서 이를 출력합니다. 가장 첫 번째 값인 **'앨리스'**부터 마지막 값인 **'3월토끼'**까지 순서대로 가져오며 출력하고 있습니다.

[코드 4-3]과 [코드 4-4]의 차이점이 보이나요? [코드 4-3]에서는 in 다음에 바로 리스트가 오지만 [코드 4-4]에서는 리스트의 이름이 옵니다. 이처럼 in 다음에는 리스트를 저장한 변수가 올 수도 있습니다.

PLUS 반복 변수의 이름

반복 변수의 이름은 무엇이든 상관없습니다. 하지만 일반 변수와 마찬가지로 의미 있는 이름이라면 더욱 좋겠죠. [코드 4-4]에서 여러 캐릭터의 이름을 저장한 리스트의 이름은 characters, 반복에 사용하는 변수의 이름은 character입니다. 영어의 단수/복수 표현을 사용해 한눈에 봐도 이해가 쉽도록 이름을 정했습니다.

4-1 여왕의 크로케 경기장

하트 여왕은 신하들과 함께 크로케 경기를 하고 있었어요. 선수들은 자기 차례를 기다리지도 않고 동시에 공을 차지하려고 내내 싸워댔어요. 화가 머리 끝까지 난 하트 여왕은 1분에 한번 꼴로 소리를 질렀어요.

"이놈을 퇴장시켜라!"

"저놈을 퇴장시켜라!"

하트 여왕은 쉴 새 없이 퇴장명령을 내리더니 결국에는 지쳐버리고 말았어요. 지친 하트 여왕 대신 퇴장명령을 내려볼까요?

◆ for와 print( )를 사용해 players 모두에게 퇴장명령을 내려보세요.

- players = ['공작부인', '흰 토끼', '하트잭', '모자장수']

예제

예제

코드 4-5 모든 신하에게 퇴장명령을 내리는 코드

```
players = ['공작부인', '흰 토끼', '하트잭', '모자장수']
for player in players:
    print(player, '퇴장!')
```

↳ 실행화면

```
공작부인 퇴장!
흰 토끼 퇴장!
하트잭 퇴장!
모자장수 퇴장!
```

김왼손의 해설

모든 신하에게 퇴장명령을 내리려면 신하들의 이름을 하나씩 가져와야겠죠? for로 신하들의 이름을 하나씩 가져와 player에 저장하면 print()로 모두에게 퇴장명령을 내릴 수 있습니다.

◆ 문자열 반복하기

문자열도 for와 함께 사용할 수 있습니다. 문자열의 문자를 한 글자씩 가져와서 반복에 사용합니다. 앞서 이야기했듯이 순서가 정해진 여러 개의 값을 가진 자료형을 순서열이라고 합니다. 문자열과 리스트가 이 순서열에 해당합니다.

```
for 변수 in 문자열:
␣␣␣␣실행할_명령
```

코드 4-6 문자열의 문자를 하나씩 출력하는 코드

```
for letter in '체셔고양이':
    print(letter)
```

↳ 실행화면

```
체
셔
고
양
이
```

리스트에서 값을 하나씩 가져왔던 것처럼 '**체셔고양이**'에서 한 글자씩 가져와서 출력하는 것을 볼 수 있습니다.

♠ 들여쓰기

들여쓰기 코드블록을 구분하기 위해 사용

파이썬에서는 들여쓰기가 필요한 곳이 있습니다. 반복 구조나 뒤에서 배울 조건을 판단하는 구조 등에서는 꼭 들여쓰기를 해야 하는데 보통 띄어쓰기 4칸과 탭[tab]을 많이 사용합니다. 둘 중 많이 사용하고

권장하는 방법은 띄어쓰기 4칸입니다. 이제 처음 파이썬을 시작하는 단계인 여러분에게는 띄어쓰기 4칸 방법을 추천합니다.

사실 띄어쓰기 4칸과 탭 중 어느 쪽을 사용해도 상관없지만, 이 점은 주의하세요. 하나의 프로그램 안에서는 한 가지 방법으로 띄어쓰기를 통일해서 사용해야 합니다. 일단 한번 띄어쓰기 4칸으로 들여쓰기를 했으면 끝까지 4칸으로, 탭으로 들여쓰기를 했으면 끝까지 탭을 써야 합니다. 띄어쓰기 4칸과 탭을 섞어서 쓰면 환경에 따라 에러가 발생할 수도 있습니다.

[코드 4-7]과 [코드 4-8]의 유일한 차이점은 4번 라인의 print(nums)가 코드블록에 포함되느냐 포함되지 않느냐입니다. 포함 여부에 따라서 결과가 어떻게 다른지 한번 살펴볼까요?

코드 4-7 리스트의 숫자를 차례대로 출력하는 코드

```
01:   nums = [0, 1, 2]
02:   for num in nums:
03:       print(num)
04:   print(nums)
```

↳ 실행화면

```
0
1
2
[0, 1, 2]
```

코드 4-8 리스트의 숫자를 차례대로 출력하는 코드

```
01:   nums = [0, 1, 2]
02:   for num in nums:
03:       print(num)
04:       print(nums)
```

↳ 실행화면

```
0
[0, 1, 2]
1
[0, 1, 2]
2
[0, 1, 2]
```

4번 라인에 들여쓰기를 하지 않은 [코드 4-7]은 2번 라인과 3번 라인을 모두 실행한 다음에 4번 라인을 실행합니다. 따라서 마지막에만 nums를 출력합니다. 하지만 들여쓰기를 한 [코드 4-8]은 4번 라인이 for의 코드블록에 포함되므로 3번 라인을 실행한 다음 매번 nums를 출력합니다.

PLUS 들여쓰기는 파이썬에서만 하나요?

다른 프로그래밍 언어에도 들여쓰기가 있지만 대부분 필수가 아닌 선택사항입니다. C나 자바 같은 언어를 먼저 배웠다면 들여쓰기로만 코드블록을 구분하는 방법이 낯설 수 있습니다. 들여쓰기로만 코드블록을 구분하는 것이 보기 좋다는 사람이 있는 반면 오히려 헷갈린다고 하는 사람도 있죠. 익숙하지 않더라도 파이썬에서는 들여쓰기가 필수이니 꼭 지켜야 합니다. 파이썬을 처음 만들 때 정한 약속이기 때문입니다.

♣ 순서열 만들기

[코드 4-3]에서 리스트를 사용해 0, 1, 2를 출력했습니다. 그렇다면 0부터 999까지 출력해야 한다면 어떻게 할까요? 1,000개의 숫자를 가진 리스트를 만드는 건 쉬운 일이 아니겠죠. 이때 유용하게 쓸 수 있는 함수가 바로 `range()`입니다.

`range()`는 정수를 입력으로 받아 순서열을 만들어 주는 함수입니다. 순서열은 0부터 입력한 값 전까지의 숫자를 가집니다. 만약 입력 값이 3이면 0부터 3 바로 전까지, 0, 1, 2를 값으로 가진 순서열을 만듭니다.

```
range(끝_값+1)
```

PLUS 내장 함수, 바로 사용할 수 있다.

내장 함수는 파이썬에서 기본으로 제공하는 함수를 말합니다. 파이썬을 설치했다면 별다른 사전 준비 없이 바로 쓸 수 있는 것들이죠. 우리가 여태껏 사용했던 `print()`나 `range()` 같은 것이 내장 함수입니다. 내장 함수의 이름은 예약되어 있으므로 함수나 변수의 이름으로 쓰지 않는 편이 좋습니다.

코드 4-9 0부터 2까지 차례로 출력하는 코드

```
01:  for num in range(3):
02:      print(num)
```

↳ 실행화면

```
0
1
2
```

1번 라인에서 range(3)으로 0, 1, 2를 값으로 가진 순서열을 만듭니다. 그다음 이 순서열에서 값을 하나씩 가져와 출력합니다. 자, 그럼 여기서 퀴즈! 이 코드는 총 몇 번 반복할까요? 네, 맞습니다. 총 세 번 반복합니다. range() 함수의 입력 값이었던 3과 뭔가 연관이 있어 보이죠?

range()에 두 개의 입력 값을 넣을 수도 있습니다. 두 개의 입력 값은 ,(콤마)로 구분합니다. 입력 값이 한 개일 때는 0부터 입력 숫자 전까지의 순서열을 만들었습니다. 입력 값이 두 개일 때는 앞의 숫자부터 뒤의 숫자 바로 전까지의 순서열을 만듭니다.

range(시작_값, 끝_값+1)

range()에 입력 값 두 개를 넣어 구구단을 만들어볼까요? 다음 코드를 보세요.

코드 4-10 구구단 2단을 출력하는 코드

```
for y in range(1, 10):
    print(2, 'x', y, '=', 2 * y)
```

↳ 실행화면

```
2 x 1 = 2
2 x 2 = 4
   .
   .
   .
2 x 8 = 16
2 x 9 = 18
```

2단을 출력하려면 2에 곱할 1부터 9까지의 순서열이 필요합니다. 이를 위해 range(1, 10)으로 1부터 10 바로 전까지, 즉 1부터 9까지의 숫자를 가진 순서열을 만듭니다.

PLUS range()에 입력 값이 세 개일 수는 없나요?

세 개를 입력할 수도 있습니다. 세 번째 입력 값은 숫자가 증가하는 간격을 정합니다. range(1, 6, 2)라고 한다면 1부터 5까지 2씩 증가하는 순서열을 만드는 거죠. range()의 자세한 사용법이 궁금하다면 구글에서 'python range'라고 검색해보세요.

```
for num in range(1, 6, 2):
    print(num)
```

↳ 실행화면

```
1
3
5
```

예제

4-2 하얀장미와 빨간장미

성문 입구에는 커다란 장미나무 한 그루가 서 있었어요. 장미꽃은 모두 하얀색이었는데 카드 병사 두 명이 빨갛게 칠하느라 정신이 없었어요. 앨리스가 조심스레 물었어요.

"왜 장미를 칠하고 있는지 여쭤 봐도 될까요?"

한 병사가 이마의 땀을 닦으며 대답했어요.

"원래 이곳에 빨간 장미나무를 심어야 했는데 우리가 실수로 하얀 장미나무를 심었기 때문이랍니다. 만약 이 사실을 여왕님께서 아시는 날에는…"

카드 병사는 더 이상 말을 잇지 못하고 몸을 부르르 떨었어요. 불쌍한 카드 병사를 도와 장미꽃을 빨갛게 칠해봅시다.

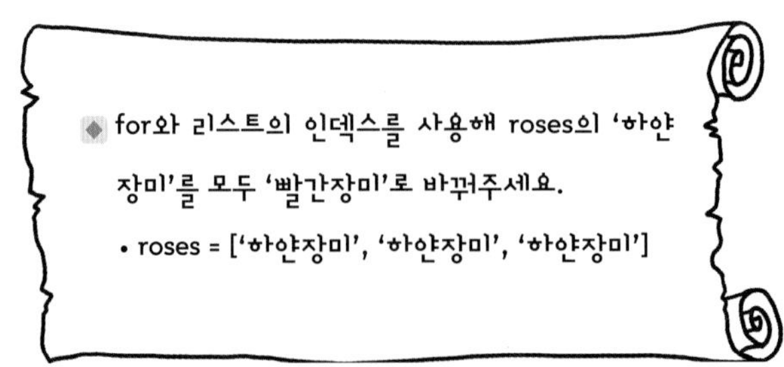

코드 4-11 모든 '하얀장미'를 '빨간장미'로 바꾸는 코드

```
roses = ['하얀장미', '하얀장미', '하얀장미']
for i in range(3):
    roses[i] = '빨간장미'
print(roses)
```

↳ 실행화면

```
['빨간장미', '빨간장미', '빨간장미']
```

김왼손의 해설

range(3)으로 0, 1, 2를 값으로 가지는 순서열을 만들고 이를 인덱스로 사용해 roses의 모든 '하얀장미'를 '빨간장미'로 바꿨습니다.

한입에 쏙

리스트 반복하기[72쪽]

for를 리스트와 함께 사용하는 방법은 아래와 같습니다.

```
characters = ['앨리스', '도도새', '3월토끼']
for character in characters:
    print(character)
```

문자열 반복하기[77쪽]

for는 문자열과도 함께 사용할 수 있습니다.

```
for letter in '체셔고양이':
    print(letter)
```

들여쓰기[77쪽]

파이썬에서는 들여쓰기가 필수입니다. 보통 띄어쓰기 4칸을 많이 사용합니다.

```
01: nums = [0, 1, 2]
02: for num in nums:
03:     print(num)
04:     print(nums)
```

위의 코드에서 4번 라인의 print의 띄어쓰기를 다음처럼 바꾸면 전혀 다른 실행 결과를 볼 수 있습니다.

```
nums = [0, 1, 2]
for num in nums:
    print(num)
print(nums)
```

♥ 순서열 만들기 79쪽

range()로 순서대로의 숫자를 가진 순서열을 만들 수 있습니다.

```
for num in range(3):
    print(num)
```

range()의 입력 값이 두 개일 때는 앞의 숫자부터 뒤의 숫자 바로 전까지의 순서열을 만듭니다.

```
for y in range(1, 10):
    print(2, 'x', y, '=', 2 * y)
```

1. 그림과 같은 실행화면을 출력하도록 빈칸을 채워보세요.

```
for num in ________:
    print(num)
```

```
↳ 3
  1
  2
```

2. 다음 코드의 출력 결과를 적어보세요.

```
for num in range(2):
    print(num)
```

```
↳ ____
  ____
```

3. print()를 한번만 사용해서 아래 코드와 같은 결과가 나오게 하세요.

```
clovers = ['클로버1', '클로버2', '클로버3']
print(clovers[0])
print(clovers[1])
print(clovers[2])
```

```
↳ 클로버1
  클로버2
  클로버3
```

```
clovers = ['클로버1', '클로버2', '클로버3']


```

4. 3번 문제를 range()를 사용해 해결해보세요.

```
clovers = ['클로버1', '클로버2', '클로버3']


```

```
↳ 클로버1
  클로버2
  클로버3
```

5. for와 range()로 아래 그림과 같은 3층짜리 별을 찍어보세요.

```
print('*' * 1)
print('*' * 2)
print('*' * 3)
```

```
↳ *
  **
  ***
```

```
for num in range(1, 4):

```

6. 리스트의 정수를 차례로 가져와 아래처럼 3층짜리 별을 찍어보세요.

```
↳ **
  *
  ***
```

```
stars = [2, 1, 3]
```

7. 다음 중 출력 결과가 다른 하나를 골라보세요.

①

```
total = 0
for num in [0, 1, 2, 3]:
    total = total + num
print(total)
```

②

```
total = 0
for num in range(4):
    total = total + num
print(total)
```

③

```
total = 0
for num in range(0, 5):
    total = total + num
print(total)
```

④

```
total = 0
for num in range(1, 4):
    total = total + num
print(total)
```

8. 리스트에 저장되어 있는 모든 카드 번호의 평균을 구해서 출력하세요.

```
total = 0
card_nums = [1, 3, 6, 7]
```

9. 다음 코드의 실행 결과를 골라보세요.

```
clovers = ['클로버1', '클로버2', '클로버3']
for i in [2, 1, 0]:
print(clovers[i])
```

①

```
클로버3
클로버2
클로버1
```

②

```
클로버1
클로버2
클로버3
```

③

```
SyntaxError: expected an indented block
```

④

```
NameError: name 'clovers' is not defined
```

10. 다음 코드의 출력 결과를 적어보세요.

```
nums = [0, 1, 2, 3, 4, 5]
for num in nums[1:3]:
    print(num)
```

↳ [ ]
[ ]

칼럼 04

신나는 게임으로 배우는 파이썬 #1

프로그래밍의 감을 익혀봐요. 코드닷오알지

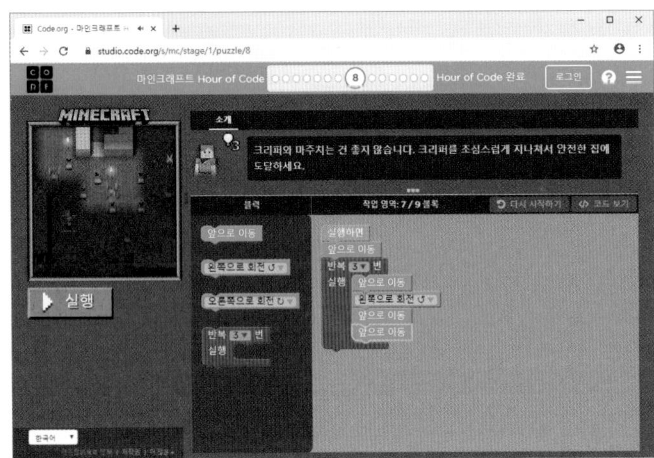

- https://code.org/

코드닷오알지Code.org는 미국의 모든 학생에게 프로그래밍을 가르치기 위해 설립된 비영리 단체입니다. 코드닷오알지가 진행하는 캠페인인 아워오브코드Hour of Code는 애플과 마이크로소프트가 후원하며 오바마 전 대통령과 빌 게이츠도 참여를 격려했었죠. 코드닷오알지에서는 다양한 게임을 통해 프로그래밍의 기본을 배울 수 있습니다. 그 중에는 파이썬으로 즐길 수 있는 게임도 있습니다.

파이썬과 함께 모험을 떠나요. 코드 컴뱃

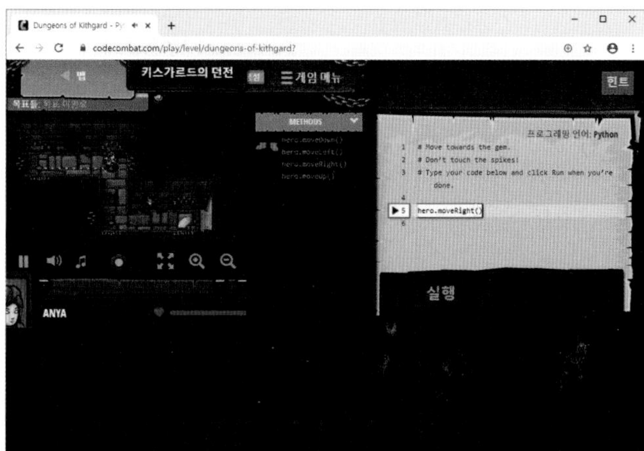

- https://codecombat.com/

코드컴뱃[Code Combat]은 파이썬으로 캐릭터를 움직이고 미션을 수행하는 게임입니다. 교육용인데도 불구하고 우리가 평소에 즐기는 게임처럼 재미있다는 점이 특징입니다.

파이썬 뿐만 아니라 자바스크립트[JavaScript], 커피스크립트[CoffeeScript], 루아[Lua]로도 게임을 진행할 수 있으며 다양한 프로그래밍 분야를 학습할 수 있습니다.

chapter 5
조건 판단하기

5장에서는

조건을 판단해 프로그램의 흐름을 바꾸는 방법을 살펴봅니다. 5장에서 배울 내용은 다음과 같습니다.

학습목표

- 참과 거짓
- 값 비교하기
- 조건 판단하기

♠ 엉망진창 다과회

큰 나무 밑에 식탁이 차려져 있고 모자장수와 3월토끼가 함께 차를 마시고 있었어요. 겨울잠쥐는 그 사이에 앉아서 자고 있었어요. 그 때 모자장수가 말했어요.

"모두 자리를 한 칸씩 옮기자."

모자장수가 옮겨 앉자 겨울잠쥐는 모자장수 자리로, 3월토끼는 겨울잠쥐 자리로 바꿔 앉았어요.

"언제 자리를 옮기는 건가요?"

궁금해진 앨리스가 용기를 내어 물었어요.

"차를 다 마시면 자리를 옮겨. 우리는 설거지 할 짬이 없거든. 아! 케이크도 다 먹어야 해."

모자장수의 자리 옮기는 규칙을 그림으로 그려보면 다음과 같습니다.

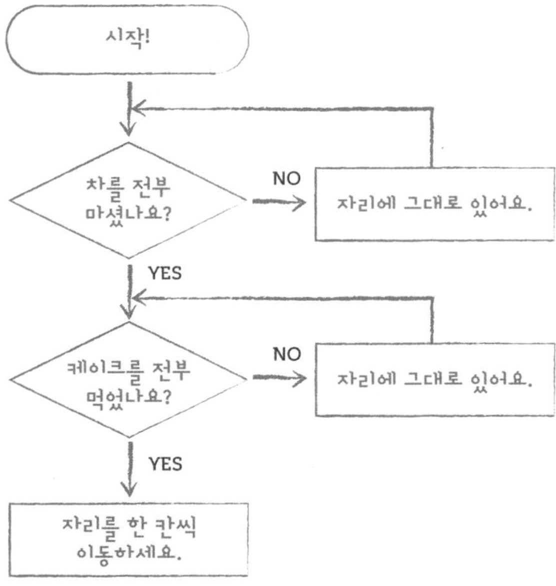

모자장수와 친구들은 차를 전부 마시고 케이크를 다 먹었을 때만 자리를 옮깁니다. 아직 차를 다 마시지 않았거나 케이크가 남아 있다면 자리에 그대로 있겠죠. 프로그램에서도 이처럼 조건에 따라 다르게 처리해야 할 때가 있습니다.

이번 장에서는 조건을 판단하고 그 결과에 따라 프로그램의 흐름을 바꾸는 방법을 배웁니다. 질문을 하고 그 답이 참인지 거짓인지에 따라 프로그램의 흐름을 결정합니다. 다양한 기능을 가진 프로그램을 만들기 위해서는 꼭 필요한 부분입니다.

♣ 참과 거짓

조건의 결과는 항상 참 아니면 거짓입니다. 이를 표현하는 자료형을 논리형[boolean]이라고 하는데, 논리형은 딱 두 가지 값 밖에 없습니다. 바로 True[참]와 False[거짓]입니다. 조건이 만족할 경우 True, 만족하지 않을 경우 False입니다.

논리형 참과 거짓을 표현하는 자료형

True 또는 False

대화형 셸을 실행해서 다음 코드를 따라 입력해보세요.

코드 5-1 True와 False를 출력하는 코드

```
>>> print(True) ↵
True
>>> print(False) ↵
False
```

PLUS True와 False는 왜 따옴표로 묶지 않나요?

True와 False는 문자열이 아닌 키워드이기 때문입니다. 키워드는 특정한 용도로 사용하기 위해 파이썬에서 예약한 이름이라고 했었죠. True와 False는 따옴표로 묶지 않고 첫 글자를 대문자로 써야 한다는 점 주의하세요.

♥ 값 비교하기

파이썬에는 조건이 참인지 거짓인지 판단하기 위해 질문하는 방법이 몇 가지 있습니다.

비교연산자 비교에 사용하는 연산자

비교연산자는 숫자나 문자열을 비교해 참과 거짓을 판단합니다. 파이썬의 비교연산자는 <, >, <=, >=, ==, != 총 여섯 가지입니다. 비교연산자의 결과는 항상 True 또는 False입니다.

<는 왼쪽 값이 오른쪽 값보다 작으면 True, 그렇지 않으면 False입니다.

코드 5-2 값을 비교하는 코드

```
>>> print(1 < 2)
True
>>> print(2 < 1)
False
```

>는 왼쪽 값이 오른쪽 값보다 크면 True, 그렇지 않으면 False입니다.

코드 5-3 값을 비교하는 코드

```
>>> print(2 > 1)
True
>>> print(2 > 2)
False
```

<=는 왼쪽 값이 오른쪽 값보다 작거나 같으면 True, 그렇지 않으면 False입니다.

코드 5-4 값을 비교하는 코드

```
>>> print(1 <= 1)
True
>>> print(2 <= 1)
False
```

>=는 왼쪽 값이 오른쪽 값보다 크거나 같으면 True, 그렇지 않으면 False입니다.

코드 5-5 값을 비교하는 코드

```
>>> print(1 >= 1)
True
>>> print(1 >= 2)
False
```

==는 양쪽 값이 서로 같으면 True, 그렇지 않으면 False입니다.

코드 5-6 값을 비교하는 코드

```
>>> print(1 == 1)
True
>>> print(2 == 1)
False
```

!=는 양쪽 값이 서로 다르면 True, 그렇지 않으면 False입니다.

코드 5-7 값을 비교하는 코드

```
>>> print(1 != 2)
True
>>> print(2 != 2)
False
```

PLUS 같다는 =이 아닌가요?

수학 시간에 배웠던 것과는 다르게 파이썬에서의 =는 변수에 값을 저장할 때 사용하는 연산자입니다. 파이썬에서 양쪽의 값이 같은지 판단할 때는 ==를 사용해야 합니다.

◆ if 기본 구조

판단한 결과에 따라 흐름을 바꾸기 위해 if를 사용합니다. if는 '만약 ~라면' 이라는 뜻을 가지고 있죠. 조건이 참인지 거짓인지에 따라 코드블록의 실행여부를 결정합니다. if의 기본 구조는 다음과 같습니다.

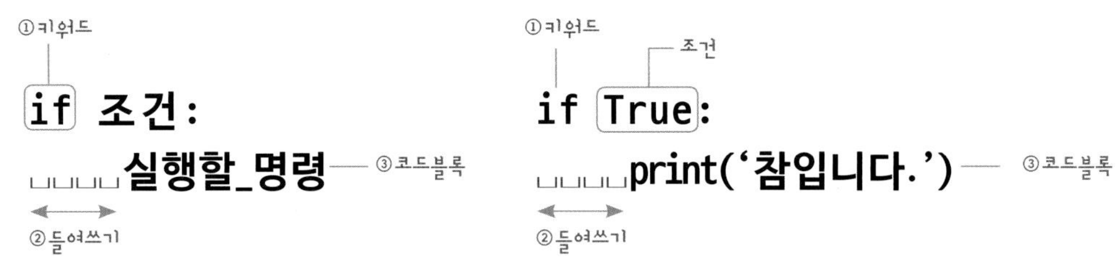

if ①키워드 다음에 한 칸 띄고 조건이 있습니다. 조건은 참 아니면 거짓으로 명확하게 판단할 수 있어야 합니다. 조건 다음에 :콜론이 오고 실행할 명령을 ②들여쓰기로 구분합니다. 이 부분을 ③코드블록이라고 했었죠.

if도 for와 마찬가지로 꼭 들여쓰기를 해야 합니다. 조건이 참이면 코드블록을 실행하고 아니면 실행하지 않고 넘어갑니다.

코드 5-8 조건에 따라 출력하는 코드

```
if True:
    print('참입니다.')
```

↳ 실행화면

```
참입니다.
```

[코드 5-8]에서는 if 옆의 조건이 True이므로 코드블록의 '참입니다'를 출력합니다.

코드 5-9 조건에 따라 출력하는 코드

```
if False:
    print('참입니다.')
```

↳ 실행화면

```
(빈 화면)
```

반면에 [코드 5-9]의 if 옆의 조건은 False이므로 '**참입니다**'를 출력하지 않고 넘어갑니다.

숫자나 문자열을 비교한 결과를 조건으로 사용할 수도 있습니다.

코드 5-10 점수에 따라 합격여부를 출력하는 코드

```
01: score = 90
02: if score > 80:
03:     print('합격입니다.')
```

↳ 실행화면

```
합격입니다.
```

[코드 5-10]을 봅시다. 2번 라인을 보니 score가 80을 초과하는지 묻고 있습니다. score는 90이니 코드블록의 '**합격입니다.**'를 출력합니다.

♠ else와 elif

if와 함께 사용할 수 있는 단짝이 있습니다. 첫 번째 단짝은 else입니다. else는 if와 달리 조건 없이 사용합니다. if-else의 구조는 다음과 같습니다.

```
if 조건:
␣␣␣␣실행할_명령1 ── ①코드블록
else:
␣␣␣␣실행할_명령2 ── ②코드블록
```

조건이 맞다면(True) 실행할_명령1을 실행하고
조건이 틀리다면(False) 실행할_명령2를 실행하세요.

if를 '만약 ~라면' 이라고 한다면 else는 '그렇지 않으면'입니다. **else는 if 옆의 조건이 False일 때의 동작을 처리합니다.** 조건이 True면 if 바로 아래의 ①코드블록을, False면 else 아래의 ② 코드블록을 실행합니다.

코드 5-11 점수에 따라 합격여부를 출력하는 코드

```
01: score = 60
02: if score > 80:
03:     print('합격입니다.')
04: else:
05:     print('불합격입니다.')
```

↳ 실행화면

```
불합격입니다.
```

[코드 5-11]의 1번 라인에서 score를 60이라고 했습니다. 2번 라인을 보니 score가 80을 초과하냐고 물어보는데 초과하지 않으니 밑의 코드블록(3번 라인)은 건너뛰고 4번 라인의 else 밑의 코드블록(5번 라인)을 실행합니다. 결과는 '**불합격입니다**'가 출력됩니다.

if의 다음 단짝은 조건이 여러 개일 때 사용하는 elif입니다. elif는 else if의 줄임말입니다. if-elif-else의 구조는 다음과 같습니다.

```
if 조건1:
␣␣␣␣실행할_명령1    ①코드블록
elif 조건2:
␣␣␣␣실행할_명령2    ②코드블록
else:
␣␣␣␣실행할_명령3    ③코드블록
```

조건1이 맞다면(True)
실행할_명령1을 실행하고
조건1이 틀리고(False) 조건2가 맞다면(True)
실행할_명령2를 실행하고
조건2가 틀리다면(False)
실행할_명령3을 실행하세요.

if의 조건이 True면 바로 아래의 ①코드블록을 실행하고 elif의 ②코드블록과 else의 ③코드블록은 실행하지 않고 넘어갑니다. if의 조건이 False면 elif의 조건으로 넘어갑니다. 이때 elif의 조건이 True면 바로 아래의 ②코드블록을 실행하지만 False면 else의 ③코드블록으로 넘어갑니다.

코드 5-12 점수에 따라 학점을 출력하는 코드

```
01: score = 75
02: if 80 < score <= 100:
03:     print('학점은 A입니다.')
04: elif 60 < score <= 80:
05:     print('학점은 B입니다.')
06: elif 40 < score <= 60:
07:     print('학점은 C입니다.')
08: else:
09:     print('학점은 F입니다.')
```

↳ 실행화면

```
학점은 B입니다.
```

[코드 5-12]는 따로 설명하지 않겠습니다. 여태까지의 방법대로 코드를 읽어 보고 1번 라인의 score에 저장하는 수를 바꿔가면서 테스트해보세요.

elif와 else는 반드시 if와 함께 사용해야 합니다. 필요하다면 elif는 얼마든지 추가로 사용할 수 있지만 else는 하나만 사용할 수 있습니다. 비교연산자는 2, 4, 6번 라인처럼 중첩해서 사용할 수도 있습니다.

5-1 자동 입장료 계산기

"겨울잠쥐가 또 잠들었네."

모자장수가 이렇게 말하며 겨울잠쥐의 코를 콕콕 찔렀어요.

겨울잠쥐가 머리를 마구 흔들더니 눈도 뜨지 않은 채 말했어요.

"어제도 하루 종일 일했단 말이야."

겨울잠쥐는 크로케 경기장의 매표소 직원이에요. 그런데 잠이 많은 겨울잠쥐는 일을 하면서도 자주 졸아서 문제라고 했어요. 겨울잠쥐를 위해 입장료를 자동으로 계산하는 프로그램을 만들어 볼까요?

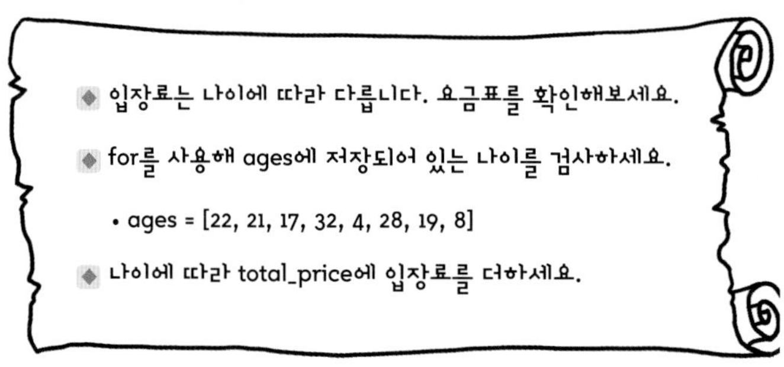

코드 5-13 총 입장료를 계산하는 코드

```
total_price = 0
ages = [22, 21, 17, 32, 4, 28, 19, 8]
for age in ages:
    if age >= 20:
        total_price = total_price + 8000
    elif age >= 10:
        total_price = total_price + 5000
    else:
        total_price = total_price + 2500
print('총 입장료는', total_price, '원입니다.')
```

↳ 실행화면

```
총 입장료는 47000 원입니다.
```

김왼손의 해설

ages에서 가져온 나이가 20살 이상인지 판단해서 참이면 8000을 `total_price`에 더합니다. 만약 20살 이상이 아니라면 두 번째 조건으로 넘어가게 되는데 이때 10살 이상이면 `total_price`에 5000을 더하고 앞의 조건에 모두 해당하지 않으면 2500을 더합니다. 코드블록 안에서 코드블록을 표현할 때는 들여쓰기도 중첩해야 한다는 점 유의하세요.

♣ 여러 조건 판단하기

"하트잭이 작년도 MVP야. 아주 멋진 활약이었지."

겨울잠쥐가 자기가 MVP인 듯 자랑스럽게 말했어요. 늘 졸려 하는 겨울잠쥐는 크로케 경기 이야기를 할 때만큼은 눈이 초롱초롱해졌어요. 그 말을 들은 앨리스는 속으로 이렇게 생각했어요.

'이렇게 제멋대로인 경기에서 MVP를 정하는 일은 수학 시험에서 100점을 받는 것만큼 어려울 거야.'

앨리스가 어떤 생각을 하는지 모르는 겨울잠쥐는 계속 크로케 경기 이야기를 했어요.

"MVP가 되려면 적어도 10 경기 이상 출전해야 해. 그리고 평균 20점 이상 득점도 해야 하지. 하트잭은 정말 대단한 선수라고!"

MVP가 되려면 '10 경기 이상 출전', '평균 20점 이상 득점'이라는 조건을 만족해야 하는군요. 논리연산자는 이렇게 여러 개의 조건을 판단할 때 사용합니다.

논리연산자 논리 연산에 사용하는 연산자로 and, or, not이 있다.

코드 5-14 여러 조건을 판단하는 코드

```
01: games = 12
02: points = 25
03: if games >= 10 and points >= 20:
04:     print('MVP로 선정되었습니다.')
```

↳ 실행화면

```
MVP로 선정되었습니다.
```

3번 라인에 사용된 and는 두 조건이 모두 True인지 판단할 때 사용합니다.

조건1 and 조건2

and는 **조건1**과 **조건2**가 모두 참일 때 True를 반환합니다. [코드 5-15]에서 and의 모든 결과를 확인해봤습니다.

코드 5-15 and의 결과를 확인하는 코드

```
>>> print(True and True)
True
>>> print(True and False)
False
>>> print(False and True)
False
>>> print(False and False)
False
```

or는 두 조건 중 하나라도 True인지 판단할 때 사용합니다.

조건1 or 조건2

or는 **조건1**과 **조건2** 중 하나만 참이어도 True를 반환합니다. [코드 5-16]에서 or의 모든 결과를 확인해봤습니다.

코드 5-16 or의 결과를 확인하는 코드

```
>>> print(True or True) ⏎
True
>>> print(True or False) ⏎
True
>>> print(False or True) ⏎
True
>>> print(False or False) ⏎
False
```

not은 True를 False로, False를 True로 뒤집을 때 사용합니다.

not 조건

코드 5-17 not의 결과를 확인하는 코드

```
>>> print(not True) ⏎
False
>>> print(not False) ⏎
True
```

5-2 사탕 도둑을 잡아라!

"사탕을 모두 도둑 맞았어."

도도새가 시무룩한 표정으로 말했어요.

"어머, 불쌍해라."

앨리스는 안쓰러운 표정으로 도도새를 바라봤어요.

"확실히 보지는 못했지만 암컷 개였던 것 같아."

도도새는 잠결에 목격했던 도둑의 인상착의를 말했어요. 용의자(suspects) 중에서 도도새의 사탕을 훔쳐간 도둑을 찾아볼까요?

- for를 사용해 suspects를 검사하세요.
  - suspects = [['거위', '새', '암컷'], ['푸들', '개', '수컷'], ['비글', '개', '암컷']]
- and로 인상착의가 동시에 일치하는 범인을 찾으세요.

코드 5-18 인상착의로 범인을 잡아내는 코드

```
suspects = [['거위', '새', '암컷'], ['푸들', '개', '수컷'], ['비글', '개', '암컷']]
for suspect in suspects:
    if suspect[1] == '개' and suspect[2] == '암컷':
        print('범인은', suspect[0], '입니다.')
```

↳ 실행화면

```
범인은 비글 입니다.
```

김왼손의 해설

suspects에는 용의자 정보가 리스트로 저장되어 있습니다. 각 용의자의 0번 인덱스에는 소분류, 1번 인덱스에는 대분류, 2번 인덱스에는 성별이 저장되어 있네요. for로 용의자의 정보를 가져와서 and로 개이면서 암컷, 두 가지 조건을 동시에 만족하는 범인을 찾아낼 수 있습니다.

♥ 한입에 쏙

♥ 참과 거짓[95쪽]

참과 거짓을 표현하는 자료형을 논리형이라고 합니다. True와 False를 사용합니다.

```
>>> print(True)
True
>>> print(False)
False
```

♥ 값 비교하기[96쪽]

비교연산자로 숫자나 문자열을 비교해 참과 거짓을 판단할 수 있습니다.

기호	설명	예	결과
<	왼쪽 값이 오른쪽 값보다 작으면 True, 그렇지 않으면 False입니다.	1 < 2	True
>	왼쪽 값이 오른쪽 값보다 크면 True, 그렇지 않으면 False입니다.	1 > 2	False
<=	왼쪽 값이 오른쪽 값보다 작거나 같으면 True, 그렇지 않으면 False입니다.	1 <= 2	True
>=	왼쪽 값이 오른쪽 값보다 크거나 같으면 True, 그렇지 않으면 False입니다.	1 >= 2	False
==	양쪽 값이 서로 같으면 True, 그렇지 않으면 False입니다.	1 == 2	False
!=	양쪽 값이 서로 다르면 True, 그렇지 않으면 False입니다.	1 != 2	True

♥ if/else/elif[98쪽]

if는 조건을 판단한 결과에 따라 흐름을 바꿉니다.

```
score = 90
if score > 80:
    print('합격입니다.')
```

if를 '만약 ~라면' 이라고 한다면 else는 '그렇지 않으면' 입니다. else는 모든 if와 elif의 조건이 False일 때의 동작을 처리합니다.

```
score = 60
if score > 80:
    print('합격입니다.')
else:
    print('불합격입니다.')
```

조건이 여러 개일 때는 elif를 함께 사용합니다.

```
score = 75
if 80 < score <= 100:
    print('학점은 A입니다.')
elif 60 < score <= 80:
    print('학점은 B입니다.')
elif 40 < score <= 60:
    print('학점은 C입니다.')
else:
    print('학점은 F입니다.')
```

♥ 여러 조건 판단하기104쪽

논리연산자로 여러 조건을 판단할 수 있습니다.

기호	설명
and	두 조건이 모두 True인지 판단할 때 사용합니다.
or	두 조건 중 하나라도 True인지 판단할 때 사용합니다.
not	True를 False로, False를 True로 뒤집을 때 사용합니다.

프로젝트 : 가위바위보 1단계

5장부터는 여태까지 배운 것을 활용해 다양한 가위바위보 게임을 만들겠습니다. 가위바위보 게임의 규칙은 모두 알겠지만, 사용자와 컴퓨터는 각각 가위, 바위, 보 중 하나씩 선택하고, 둘의 선택을 비교해 승패를 결정합니다. 일단 가장 간단한 형태부터 도전해볼까요? 다음 요구 사항에 맞는 가위바위보 게임을 만들어보세요.

- '가위', '바위', '보'를 저장하는 리스트를 만드세요.
- 사용자와 컴퓨터가 '가위', '바위', '보' 중 하나씩 선택하게 하세요.
- 모든 경우의 대결 결과를 and를 사용해 판단하세요.

코드 project1 리스트를 사용한 가위바위보

```
rps = ['가위', '바위', '보']

player = rps[1]
computer = rps[0]
print(player, computer)

if player == '가위' and computer == '가위':
    print('비겼어요!')
elif player == '가위' and computer == '바위':
    print('졌어요!')
elif player == '가위' and computer == '보':
    print('이겼어요!')
elif player == '바위' and computer == '가위':
    print('이겼어요!')
elif player == '바위' and computer == '바위':
    print('비겼어요!')
elif player == '바위' and computer == '보':
    print('졌어요!')
elif player == '보' and computer == '가위':
```

리스트에 가위, 바위, 보를 저장합니다.
사용자는 1번 인덱스의 바위를 선택했고,
컴퓨터는 0번 인덱스의 가위를 선택했네요.
사용자는 바위, 컴퓨터는 가위입니다.
사용자는 바위이니 이 조건은 False입니다.
이 코드블록에는 들어가지 않겠죠.
마찬가지로 이 조건도 False이고,
이 조건도 False이므로
해당 코드블록은 모두 넘어갑니다.
사용자는 바위이고 컴퓨터는 가위이니
'이겼어요!'를 출력합니다.
이후의 코드는 모두 넘어갑니다.

```
    print('졌어요!')
elif player == '보' and computer == '바위':
    print('이겼어요!')
elif player == '보' and computer == '보':
    print('비겼어요!')
```

김왼손의 해설

이 가위바위보 게임은 단 한 판만 플레이 합니다. 사용자와 컴퓨터는 '가위', '바위', '보'를 저장한 리스트에서 하나씩 선택합니다. 선택할 때는 인덱스를 사용했죠. 둘의 선택을 바꾸려면 인덱스를 직접 수정해야 합니다. 사용자와 컴퓨터가 선택할 수 있는 경우의 수는 각각 3가지입니다. 이에 따른 대결 결과는 9가지이니 총 9개의 조건을 판단하면 됩니다.

연습문제

1. 다음 코드의 출력 결과를 적어보세요.

```
num1 = 55
num2 = 13
print(num1 <= num2)
print(num1 != num2)
```

↳ [ ]
[ ]

2. 다음 코드의 출력 결과를 적어보세요.

```
MVP = '하트잭'
print(MVP == '공작부인')
```

↳ [ ]

3. 그림과 같은 실행화면을 출력하도록 빈칸을 채워보세요.

```
switch = '켜짐'
if [          ]:
    print('조명이 켜졌어요.')
else:
    print('조명이 꺼졌어요.')
```

↳ 조명이 켜졌어요.

4. 다음 코드의 출력 결과를 적어보세요.

```
price = 10000
if price > 10000:
    print('너무 비싸요.')
elif price > 5000:
    print('괜찮은 가격이네요.')
else:
    print('정말 싸요.')
```

↳

5. 출력 결과가 다른 하나를 골라보세요.

① print(2 > 5)
② print(2 != 5)
③ print(False)
④ print(2 == 5)

6. 다음 코드의 출력 결과를 적어보세요.

```
input_number = -9
if input_number < 0:
    absolute_value = input_number * -1
else:
    absolute_value = input_number
print(absolute_value)
```

↳

7. 다음 코드의 출력 결과를 적어보세요.

```
total_price = 0
choices = ['버섯스프', '당근주스', '벌꿀파이']
for choice in choices:
    if choice == '버섯스프':
        total_price = total_price + 8000
    elif choice == '당근주스':
        total_price = total_price + 4500
    elif choice == '벌꿀파이':
        total_price = total_price + 6000
print('총 주문금액은', total_price, '원입니다.')
```

↳ ______

8. 그림과 같은 실행화면을 출력하도록 빈칸을 채워보세요.

```
odd_nums = []
for num in range(10):
    if ______:
        odd_nums.append(num)
print(odd_nums)
```

↳ [1, 3, 5, 7, 9]

9. 다음 코드의 출력 결과를 적어보세요.

```
clovers = ['클로버1', '클로버2', '클로버3']
print(clovers)
for clover in clovers:
    if clover == '클로버1':
        print(clover, '안녕!')
    elif clover == '클로버2':
        print(clover, '반가워!')
    elif clover == '클로버3':
        print(clover, '잘가!')
    else:
        print('넌 누구니?')
```

↳

10. 아래는 윤년을 계산하는 코드입니다. 보기 중 윤년이 아닌 연도를 골라보세요.

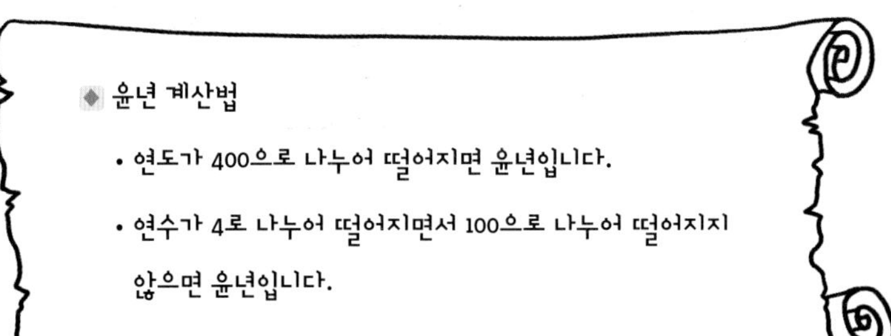


```
year = 2016
if year % 400 == 0:
    print(year, '년은 윤년입니다.')
elif year % 4 == 0 and year % 100 != 0:
    print(year, '년은 윤년입니다.')
else:
    print(year, '년은 윤년이 아닙니다.')
```

① 2016 ② 2020

③ 2400 ④ 2600

칼럼 05

너와 나, 우리가 읽기 쉬운 코드

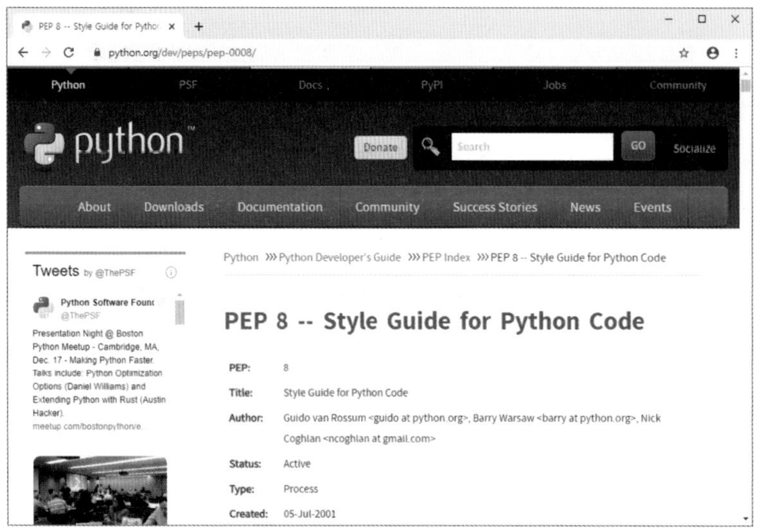

- https://www.python.org/dev/peps/pep-0008/

코딩 스타일이란 프로그래밍을 할 때 사용하는 일종의 기준을 말합니다. 들여쓰기를 어떻게 할지, 변수의 이름을 어떻게 지을지 같은 것들이죠. 코딩 스타일은 프로그램의 실행 결과에는 영향을 미치지 않기 때문에 지키지 않아도 별문제는 없습니다.

그렇다면 왜 이런 기준이 필요한 걸까요? 우리는 지금까지 작고 간단한 프로그램만을 만들었습니다. 하지만 더 큰 프로그램, 예를 들어 온라인 게임 같은 것을 만들려면 여러 명이 나눠서 코드를 작성해야 합니다. 이렇게 협업을 하다 보면 서로가 작성한 코드를 봐야 할 경우가 많습니다. 이때 일정한 기준에 따라 작성한다면 서로의 코드를 이해하는 데 드는 시간과 노력을 많이 줄일 수 있겠죠.

PEP 8은 파이썬을 만든 귀도 반 로섬Guido van Rossum이 직접 제안한 대표적인 코딩 스타일 가이드입니다. 파이썬을 처음 시작할 때는 일단 PEP 8의 코딩 스타일을 따르는 편이 좋습니다. 이후 어느 정도 실력이 쌓이면 자연스럽게 자신만의 기준이 생길 겁니다.

PEP 8은 파이썬 공식 홈페이지에서 확인할 수 있으며 구글에서 'PEP 8 한국어'라고 검색하면 번역본도 쉽게 찾을 수 있으니 꼭 찾아서 읽어보세요. 이 책의 예제는 최대한 PEP 8의 코딩 스타일을 따랐습니다.

chapter 6
조건으로 반복하기

6장에서는

조건을 기준으로 반복하는 방법을 살펴봅니다. 6장에서 배울 내용은 다음과 같습니다.

학습목표

+ 조건으로 반복하는 방법
+ 넘어가기와 멈추기
+ 입력을 받는 방법

♠ 코커스 경주

"코커스 경주가 뭐예요?"

코커스 경주를 하자는 도도새의 말을 듣고 있던 앨리스가 물었어요.

"뭐, 제일 좋은 방법은 직접 해보는 거지."

도도새는 먼저 둥그렇게 경주로를 그렸어요. 그런 다음 다들 선을 따라 여기저기 자리를 잡고 섰어요. 그리고 "하나, 둘, 셋, 출발!" 신호도 없이 자기 마음대로 달리기 시작했어요.

30분 정도 지났을까 가장 먼저 지쳐버린 오리가 달리기를 멈추자 도도새가 갑자기 소리쳤어요.

"경주 끝!"

코커스 경주의 규칙을 그림으로 그려보면 다음과 같습니다.

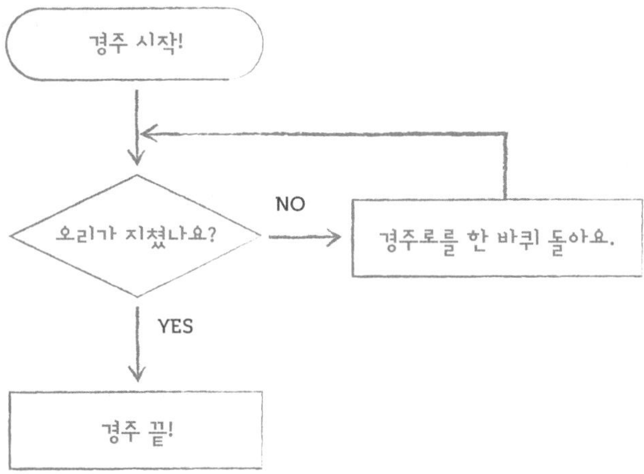

몇 바퀴를 달려야 오리가 지칠지 경주를 시작하기 전에 미리 알 수 있을까요? 그건 아마도 그날 오리의 컨디션에 따라 달라질 겁니다. 오리가 지쳤을 때 경주를 끝낸 것처럼 파이썬에도 미리 지정한 조건을 기준으로 반복을 조절할 수 있습니다. 그럴 때 사용하는 게 바로 `while`입니다.

♣ while 기본 구조

파이썬에서 조건을 기준으로 반복할 때는 while을 사용합니다. while도 for와 마찬가지로 코드를 반복하기 위해 사용합니다. 하지만 미리 **정한 횟수만큼 반복하는 for**와는 달리 **while은 조건을 더는 만족하지 않을 때까지 반복**합니다. while의 기본 구조는 다음과 같습니다.

> **while** 반복 작업에 사용하는 키워드

```
while 조건:
␣␣␣␣실행할_명령 ── ②코드블록
←──→
①들여쓰기
```

if의 기본 구조와 비슷하죠? while 다음에는 한 칸 띄고 조건이 있습니다. 조건 다음으로 :[콜론]이 오고 ①들여쓰기로 구분한 ②코드블록이 있습니다. if는 조건이 참이면 코드블록을 실행하고 아니면 실행하지 않고 넘어갑니다. 반면에 while은 조건이 True인 동안 코드블록을 반복해서 실행합니다.

4장의 전국 거북이 마라톤 예제[68쪽]가 기억나나요? [코드 4-2]에서 for를 사용해 5,000마리나 되는 거북이에게 모두 인사했었죠. 다음은 for를 사용해 3마리의 거북이에게 인사하는 코드입니다.

코드 6-1 for를 사용해 거북이에게 인사하는 코드

```
for num in range(3):
    print('안녕 거북이', num)
```

↳ 실행화면

```
안녕 거북이 0
안녕 거북이 1
안녕 거북이 2
```

while을 사용하면 [코드 6-1]을 다음과 같이 바꿀 수 있습니다.

코드 6-2 while을 사용해 거북이에게 인사하는 코드

```
01: num = 0
02: while num < 3:
03:     print('안녕 거북이', num)
04:     num = num + 1
```

↳ 실행화면

```
안녕 거북이 0
안녕 거북이 1
안녕 거북이 2
```

num의 시작 값은 0입니다. 2번 라인에서 num의 값인 0이 3보다 작으니 코드블록으로 들어갑니다. 3번 라인에서 거북이 0에게 인사한 뒤 4번 라인에서 num을 1 늘립니다. 그다음 다시 2번 라인으로 돌아가 조건을 판단합니다. num은 1이고 아직 3보다 작으니 또다시 코드블록으로 들어가겠죠. 이렇게 num이 3보다 작을 동안 계속해서 코드블록을 실행합니다.

PLUS 큰일 났어요. 반복이 멈추지 않아요.

Ctrl 키를 누른 채로 C 키를 함께 눌러보세요. IDLE에서 Ctrl + C는 강제로 동작을 멈추는 명령입니다. 반복을 멈춘 뒤 코드를 다시 한번 보세요. [코드 6-2]의 4번 라인처럼 num을 1씩 늘리고 있나요? num이 증가하지 않는다면 영원히 3을 넘지 못하기 때문에 반복이 끝나지 않겠죠.

6-1 이건 공평하지 않아!

"난 물갈퀴 때문에 빨리 달릴 수 없어! 이건 불공평해!"

화가 단단히 난 오리는 규칙을 바꾸지 않으면 경기에서 빠지겠다고 했어요.

다들 도도새 주변으로 몰려들더니 숨을 헐떡이며 물었어요.

"그럼 어떻게 하죠?"

그건 도도새로서도 쉽게 답할 수 있는 문제가 아니었어요. 그래서 도도새는 손가락 하나를 이마에 댄 채 한참을 앉아 있었어요. 마침내 도도새가 입을 열었어요.

"그럼 다섯 바퀴만 뛰는 거로 하지요."

- while의 코드블록을 다섯 번만 반복하게 하세요.
- 반복할 때마다 몇 번째 바퀴인지 출력하세요.
- 전부 다 돌면 '경주 끝!'을 외치세요.

코드 6-3 경주로를 다섯 바퀴만 돌게 하는 코드

```
count = 0
while count < 5:
    count = count + 1
    print(count, '번째 바퀴입니다.')
print('경주 끝!')
```

↳ 실행화면

```
1 번째 바퀴입니다.
2 번째 바퀴입니다.
3 번째 바퀴입니다.
4 번째 바퀴입니다.
5 번째 바퀴입니다.
경주 끝!
```

김왼손의 해설

다섯 바퀴만 돌고 경주를 마치려면 조건을 잘 설정해야겠죠. count를 0부터 시작했을 때 다섯 번 반복하려면 조건이 count < 5여야 합니다. 출력해야 하는 바퀴 수는 0이 아닌 1부터 시작하기 때문에 일단 count를 1 늘린 후 출력했습니다.

♥ 입력을 받는 방법

input() 함수를 사용하면 키보드로 입력받을 수 있습니다. input()을 만나면 사용자가 입력하는 동안 잠시 멈춰서 기다렸다가 사용자가 엔터 키를 눌렀을 때 입력받은 값을 문자열로 저장합니다. 입력할 때 출력할 메시지를 미리 지정할 수도 있습니다.

input() 사용자 입력을 받는 함수

코드 6-4 이름을 입력받는 코드

```
name = input('이름이 뭔가요? ')
print(name, '안녕!')
```

↳ 실행화면

```
이름이 뭔가요? 앨리스 ⏎
앨리스 안녕!
```

PLUS 숫자를 입력받고 싶어요.

input()은 항상 문자열로만 입력을 받는다고 했습니다. 숫자를 입력하더라도 모두 문자열로 가져오는 거죠. 문자열로 숫자 계산을 할 수는 없으니 숫자로 바꿔줘야 합니다. 이럴 땐 문자열을 숫자로 바꿔주는 int() 등의 함수를 사용합니다.

```
age = int(input('나이를 입력해주세요: '))
print(age - 3, '살로 보여요.')
```

↳ 실행화면

```
나이를 입력해주세요: 31 ⏎
28 살로 보여요.
```

6-2 앨리스의 수수께끼

먼저 수수께끼 놀이를 하자고 한 건 체셔고양이였어요. 다들 입을 모아 물었어요.

"하지만 누가 수수께끼를 내죠?"

"그야, 물론 저 애지요."

체셔고양이가 손가락으로 앨리스를 가리켰어요. 그러자 모두 순식간에 앨리스를 에워싸더니 정신없이 떠들어 댔어요.

"수수께끼! 수수께끼!"

앨리스는 어쩔 줄 몰랐지만 언니와 했던 수도 이름 맞추기 놀이를 간신히 기억해 냈어요.

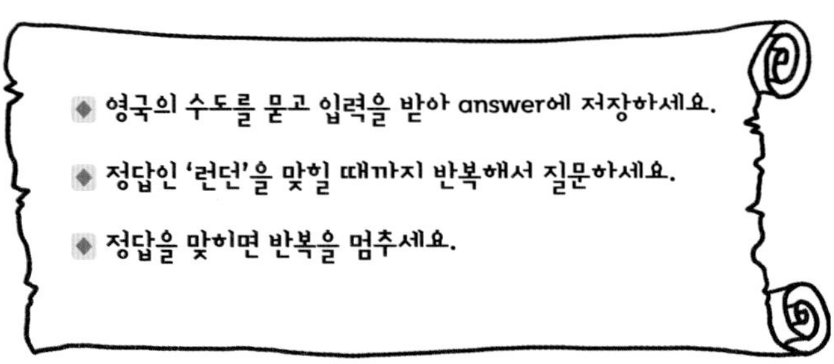

코드 6-5 영국의 수도를 묻는 코드

```
answer = ''
while answer != '런던':
    answer = input('영국의 수도는 어디일까요? ')
print('정답입니다.')
```

↳ 실행화면

```
영국의 수도는 어디일까요? 서울 ↵
영국의 수도는 어디일까요? 파리 ↵
영국의 수도는 어디일까요? 런던 ↵
정답입니다.
```

김왼손의 해설

정답인 '런던'을 맞힐 때까지 계속해서 반복하려면 조건을 어떻게 설정해야 할까요? input()으로 입력 받은 값과 '런던'을 비교하면 되겠네요. 두 값이 다른지 판단할 때는 !=를 사용합니다.

◆ 넘어가기와 멈추기

continue와 break 키워드를 사용하면 반복을 제어할 수 있습니다. 반복하는 도중에 continue를 만나면 나머지 코드를 실행하지 않고 다시 조건으로 돌아갑니다.

continue 반복의 처음으로 돌아가는 키워드
break 반복을 종료하는 키워드

코드 6-6 count가 2일 때 넘어가는 코드

```
count = 0
while count < 3:
    count = count + 1
    if count == 2:
        continue
    print(count)
```

↳ 실행화면

```
1
3
```

break를 만나면 반복을 강제로 종료합니다. 조건과 상관없이 반복을 빠져 나옵니다. 다음은 [코드 6-6]에서 continue만 break로 변경한 코드입니다.

코드 6-7 count가 2일 때 멈추는 코드

```
count = 0
while count < 3:
    count = count + 1
    if count == 2:
        break
    print(count)
```

↳ 실행화면

```
1
```

break와 continue는 for와도 함께 사용할 수 있습니다. 반복하는 중에 break를 만나면 반복을 종료하고 continue를 만나면 반복의 처음으로 돌아갑니다.

코드 6-8 count가 2일 때 멈추는 코드

```
for count in range(1, 3):
    if count == 2:
        break
    print(count)
```

↳ 실행화면

```
1
```

PLUS 반복 변수의 이름은 count만 사용해야 하나요?

반복할때 사용하는 변수의 이름은 꼭 count가 아니어도 괜찮습니다. 어떤 이름을 사용해도 상관없지만, 보통 count, num, i, j, k와 같은 이름을 많이 사용합니다. 변수의 이름은 의미가 있어야 한다고 했는데 왜 i, j, k는 괜찮을까요? i, j, k는 오래 전부터 프로그래머 사이에서 반복 변수의 이름으로 사용해왔기 때문입니다.

♠ 무한 반복하기

while의 조건을 True로 고정하면 무한으로 코드블록을 반복합니다. 초보 시절에 실수로 무한 반복에 빠지는 경우도 많지만, 게임 프로그래밍처럼 무한 반복이 꼭 필요한 경우도 있습니다. **무한 반복을 강제로 종료하려면 Ctrl과 C를 동시에 누르면 됩니다.**

다음 [코드 6-9]를 실행해보면 'Ctrl+C를 누르세요.'라는 메시지가 무한으로 반복됩니다. 어떻게 빠져나오면 될까요? 네, Ctrl+C를 누르면 됩니다.

코드 6-9 끝없이 반복해서 출력하는 코드

```
while True:
    print('Ctrl+C를 누르세요.')
```

6-3 수수께끼는 어려워

모두 끙끙대는 모습을 보니 앨리스는 왠지 자신이 똑똑해진 것 같아 어깨가 으쓱했어요.

"도저히 모르겠어. 어서 힌트를 줘!"

성질 급한 오리가 소리쳤어요. 그러자 다들 앨리스를 에워싸더니 또다시 정신없이 떠들어 대기 시작했어요.

"힌트 줘! 힌트 줘!"

모두의 아우성에 앨리스는 수수께끼의 힌트를 주기로 했어요.

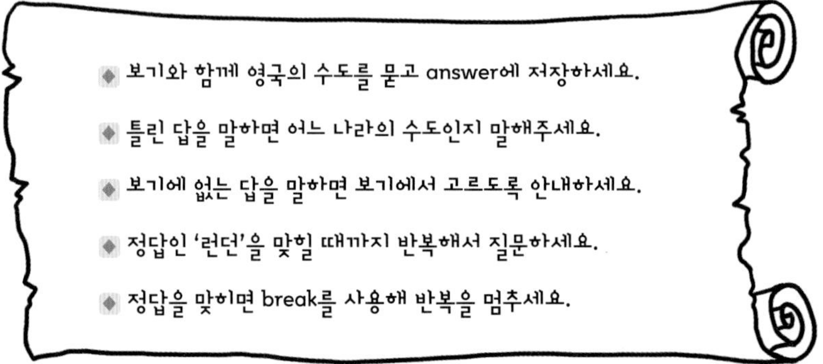

- 보기와 함께 영국의 수도를 묻고 answer에 저장하세요.
- 틀린 답을 말하면 어느 나라의 수도인지 말해주세요.
- 보기에 없는 답을 말하면 보기에서 고르도록 안내하세요.
- 정답인 '런던'을 맞힐 때까지 반복해서 질문하세요.
- 정답을 맞히면 break를 사용해 반복을 멈추세요.

코드 6-10 틀린 답을 말하면 힌트를 주는 코드

```
while True:
    answer = input('런던, 파리, 서울 중 영국의 수도는 어디일까요? ')
    if answer == '런던':
        print('정답입니다. 런던은 영국의 수도입니다.')
        break
    elif answer == '파리':
        print('파리는 프랑스의 수도입니다.')
    elif answer == '서울':
        print('서울은 대한민국의 수도입니다.')
    else:
        print('보기에서 골라주세요.')
```

↳ 실행화면

```
런던, 파리, 서울 중 영국의 수도는 어디일까요? 서울 ↵
서울은 대한민국의 수도입니다.
런던, 파리, 서울 중 영국의 수도는 어디일까요? 파리 ↵
파리는 프랑스의 수도입니다.
런던, 파리, 서울 중 영국의 수도는 어디일까요? 도쿄 ↵
보기에서 골라주세요.
런던, 파리, 서울 중 영국의 수도는 어디일까요? 런던 ↵
정답입니다. 런던은 영국의 수도입니다.
```

입력받은 값에 따라 행동이 달라져야 하기 때문에 `if`, `elif`, `else`를 사용했습니다. `'파리'`나 `'서울'`을 입력하면 해당 수도의 나라를 알려주고, 보기에 없는 답을 입력하면 `'보기에서 골라주세요.'`를 출력합니다. 만약 정답인 `'런던'`을 맞추면 break로 반복을 종료합니다.

김왼손의 해설

한입에 쏙

조건으로 반복하는 방법 123쪽

while은 조건을 기준으로 반복할 때 사용합니다. 조건이 더 이상 만족하지 않을 때까지 반복합니다.

```
num = 0
while num < 3:
    print('안녕 거북이', num)
    num = num + 1
```

입력을 받는 방법 127쪽

input()으로 입력을 받아올 수 있습니다. 입력받은 값은 모두 문자열입니다.

```
name = input('이름이 뭔가요? ')
print(name, '안녕!')
```

넘어가기와 멈추기 130쪽

continue를 만나면 나머지 코드를 실행하지 않고 다시 조건으로 돌아갑니다.

```
count = 0
while count < 3:
    count = count + 1
    if count == 2:
        continue
    print(count)
```

break를 만나면 조건과 상관없이 강제로 반복을 종료합니다.

```
count = 0
while count < 3:
    count = count + 1
    if count == 2:
        break
    print(count)
```

♥ 무한 반복하기 131쪽

while의 조건을 True로 고정하면 무한정 반복합니다. 무한 반복을 강제로 종료하려면 Ctrl과 C를 동시에 누르면 됩니다.

```
while True:
    print('Ctrl+C를 누르세요.')
```

프로젝트 : 가위바위보 2단계

5장의 가위바위보는 게임이라고 하기엔 어딘가 부족했습니다. 게임은 한 판으로 끝나버리고 사용자와 컴퓨터의 선택을 바꾸려면 직접 코드를 수정해야 했습니다. 게다가 대결 결과를 판단하는 부분도 너무 복잡했죠. 이번에는 5장의 가위바위보 게임을 개선해보겠습니다.

- 사용자에게 '가위', '바위', '보'를 입력받으세요.
- 컴퓨터는 무작위로 '가위', '바위', '보'를 선택합니다. (1번 라인과 7번 라인의 random은 8장 '랜덤하게 뽑기'176쪽에서 자세히 설명합니다.)
- '끝'을 입력할 때까지 게임을 반복하세요.
- and를 사용하지 않고 대결 결과를 판단하세요.

코드 project2 while로 반복하는 가위바위보 게임

```
01: import random                               컴퓨터가 무작위로 선택하게 하는 데 필요합니다.
02:
03: rps = ['가위', '바위', '보']                 리스트에 가위, 바위, 보를 저장합니다.
04:
05: while True:                                 이번에는 게임을 무한 반복합니다.
06:     player = input('가위/바위/보/끝: ')       사용자에게는 입력을 받고,
07:     computer = random.choice(rps)           컴퓨터는 랜덤하게 선택합니다.
08:
09:     if player == '끝':                      만약 사용자가 '끝'을 입력하면
10:         break                               break로 반복을 종료합니다.
11:
12:     print(player, computer)                 둘의 선택은 실행할 때마다 달라지겠죠?
13:
14:     if player == computer:                  만약 둘이 같은 것을 내면
15:         print('비겼어요!')                   '비겼어요!'를 출력합니다.
16:     elif player == '가위':                  아니라면 사용자가 가위인지 판단합니다.
```

```
17:         if computer == '바위':    사용자가 가위이면서 컴퓨터가 바위이면
18:             print('졌어요!')       '졌어요!'를 출력하고
19:         else:                     그렇지 않으면
20:             print('이겼어요!')     '이겼어요!'를 출력합니다.
21:     elif player == '바위':        같은 원리로 사용자가 바위일 때
22:         if computer == '보':      컴퓨터가 보이면
23:             print('졌어요!')       '졌어요!'를,
24:         else:                     그렇지 않으면
25:             print('이겼어요!')     '이겼어요!'를 출력합니다.
26:     elif player == '보':          보도 마찬가지겠죠?
27:         if computer == '가위':
28:             print('졌어요!')
29:         else:
30:             print('이겼어요!')
```

김왼손의 해설

사용자에게는 input()으로 '가위', '바위', '보'를 입력받습니다. 컴퓨터는 리스트에서 랜덤하게 선택합니다. 이제 선택을 바꾸기 위해 직접 코드를 수정할 필요가 없어졌습니다. 1번 라인과 7번 라인은 리스트에서 하나의 값을 랜덤하게 선택하는 코드입니다. 자세한 내용은 8장[176쪽]에서 살펴볼 예정이니 지금은 몰라도 괜찮습니다.

게임을 여러 번 반복하기 위해 while을 사용합니다. 조건을 True로 고정해 무한으로 반복합니다. 하지만 끝없이 반복하면 곤란하니 '끝'을 입력하면 break를 만나 반복을 종료하게 합니다.

조건을 판단하는 부분은 and 대신에 if-elif-else를 중첩해서 사용했습니다.

연습문제

1. 다음 코드의 출력 결과를 적어보세요.

```
count = 0
while count < 3:
    print(count)
    count = count + 1
```

↳

2. 그림과 같은 실행화면을 출력하도록 빈칸을 채워보세요.

```
count = 1
while ________:
    count = count + 1
    print(count)
```

↳
```
2
3
4
```

3. 다음 코드의 출력 결과를 적어보세요.

```
count = 0
while count <= 5:
    if count % 2 != 0:
        print(count)
    count = count + 1
```

↳

4. 다음은 1부터 5까지의 총합을 구하는 코드입니다. 빈칸을 채워보세요.

```
sum = 0
count = 1
while count <= 5:
    
    
print('총합은', sum)
```

↳ 총합은 15

5. 다음 중 출력 결과가 다른 코드를 골라보세요.

①

```
for i in range(3):
    print('안녕 거북이', i)
```

②

```
for j in range(0, 3):
    print('안녕 거북이', j)
```

③

```
k = 0
while k <= 3:
    print('안녕 거북이', k)
    k = k + 1
```

④

```
l = 0
while True:
    print('안녕 거북이', l)
    l = l + 1
    if l == 3:
        break
```

6. 다음은 3부터 1까지 거꾸로 세는 코드입니다. 빈칸을 채워보세요.

```
count = 3
while ____:
    print(count)
    count = count - 1
```

```
↳ 3
  2
  1
```

7. 다음과 같은 실행화면을 출력하는 코드를 고르세요.

```
↳ 클로버1
  클로버2
  클로버3
```

①

```
clovers = ['클로버1', '클로버2', '클로버3']
count = 0
while count < 3:
    print(clovers[count])
    count = count + 1
```

②

```
clovers = ['클로버1', '클로버2', '클로버3']
count = 1
while count < 3:
    print(clovers[count])
    count = count + 1
```

③

```
clovers = ['클로버1', '클로버2', '클로버3']
for count in range(0, 2):
    print(clovers[count])
```

④

```
clovers = ['클로버1', '클로버2', '클로버3']
for count in range(1, 3):
    print(clovers[count])
```

8. 다음 코드의 출력 결과를 적어보세요.

```
num = 1
while True:
    if num > 3:
        break
    print(num)
    num = num + 1
```

↳

9. 아래와 같은 실행화면을 출력하도록 빈칸을 채워보세요.

```
price = 0
while ______ :
    price = int(input('가격을 입력하세요 (종료:-1): '))
    if price > 10000:
        print('너무 비싸요.')
    elif price > 5000:
        print('괜찮은 가격이네요.')
    elif price > 0:
        print('정말 싸요.')
```

```
가격을 입력하세요 (종료:-1): 3000
정말 싸요.
가격을 입력하세요 (종료:-1): 15000
너무 비싸요
가격을 입력하세요 (종료:-1): 7500
괜찮은 가격이네요.
가격을 입력하세요 (종료:-1): -1
```

10. 다음은 소수를 판정하는 코드입니다. 아래 보기 중 소수를 골라보세요.

(소수[prime number]: 1과 자기 자신 외에 나누어 떨어지지 않는 수입니다.)

```
while True:
    number = int(input('2 이상의 정수를 입력하세요 (종료:-1): '))
    if number == -1:
        break
    count = 2
    is_prime = True
    while count < number:
        if number % count == 0:
            is_prime = False
            break
        count = count + 1
    if is_prime:
        print('소수입니다.')
    else:
        print('소수가 아닙니다.')
```

① 2741　　② 2743

③ 2747　　④ 2751

칼럼 06

내 코드는 어떻게 돌고 있을까요?

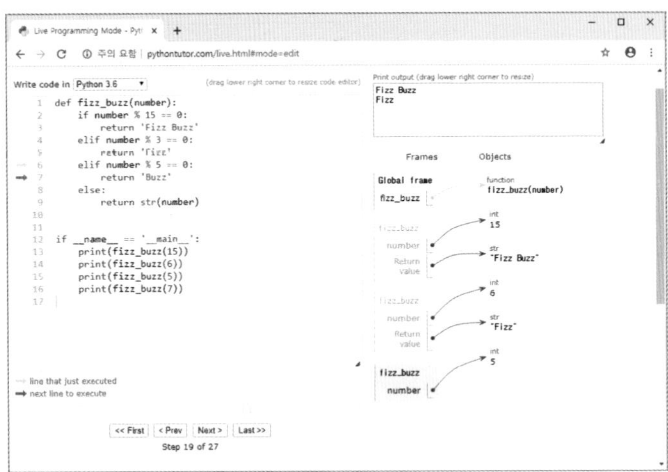

- http://pythontutor.com/

열심히 코드를 작성했는데 기대했던 것과는 영 다른 결과가 나올 때가 있죠. 이럴 때는 한 줄씩 눈으로 따라가며 잘못된 부분을 찾아야 하는데 이게 또 쉽지가 않습니다. 이런 기능을 포함하고 있는 프로그램도 있지만 아쉽게도 우리가 사용하는 IDLE에는 없습니다.

뭔가 문제가 생겼을 땐 파이썬튜터Python Tutor를 사용해보세요. 파이썬튜터는 코드를 시각화해주는 사이트입니다. 내가 작성한 코드를 한 줄씩 실행하면서 무슨 일이 일어나고 있는지 확인할 수 있습니다. 설치할 필요도 없이 웹 브라우저만 있다면 언제든지 바로 사용할 수 있습니다.

일단 사이트에 접속해서 'Visualize your code and get live help now'를 누르세요. 에디터 창이 뜨면 테스트할 코드를 입력한 후 아래에 있는 'Visualize Execution'을 클릭하세요. 이후 'Forward' 버튼을 클릭해서 한 줄씩 실행할 수 있습니다.

chapter 7
재료 모으기. 둘

7장에서는

재료를 모으는 또 다른 방법을 살펴봅니다. 7장에서 배울 내용은 다음과 같습니다.

학습목표

+ 튜플 다루기
+ 딕셔너리 다루기

♠ 튜플 기본 구조

3장에서 프로그램의 기본 재료를 모으는 방법인 리스트47쪽를 배웠습니다. 기본 재료를 한꺼번에 모으면 관리하기 편하다고 했었죠. 리스트 말고도 재료를 모을 수 있는 또 다른 방법이 있습니다. 바로 튜플tuple과 딕셔너리dictionary입니다. 튜플은 다음과 같이 생겼습니다.

튜플 여러 값을 함께 모을 수 있는 자료형

(값1, 값2, 값3, …)

튜플을 만들 때는 ()소괄호와 ,콤마를 사용합니다. 튜플도 리스트처럼 숫자형, 문자열 등 상관없이 무슨 자료형이든 함께 저장할 수 있습니다. 튜플과 리스트의 가장 큰 차이점은 바로 **값을 변경할 수 없다**는 점입니다. 따라서 한번 만든 다음 값을 변경하고 싶지 않을 때 튜플을 사용합니다. 다음은 튜플을 만드는 코드입니다.

코드 7-1 튜플을 만드는 코드

```
>>> my_tuple1 = () ⏎
>>> print(my_tuple1) ⏎
()
>>> my_tuple2 = (1, -2, 3.14) ⏎
>>> print(my_tuple2) ⏎
(1, -2, 3.14)
>>> my_tuple3 = '앨리스', 10, 1.0, 1.2 ⏎
>>> print(my_tuple3) ⏎
('앨리스', 10, 1.0, 1.2)
```

[코드 7-1]에서 `my_tuple1`은 빈 튜플, `my_tuple2`는 `1, -2, 3.14`를 값으로 가진 튜플입니다. ()와 ,를 사용해서 만들었습니다. 사실 ()를 생략하고 ,로만 구분해도 튜플을 만들 수 있습니다. `my_tuple3`은 () 없이 ,만 사용해서 튜플을 만들고 있습니다.

PLUS 불편해 보이는 튜플을 왜 사용하나요?

리스트는 값을 변경할 수 있기 때문에 의도치 않게 값을 추가하거나 제거, 변경할 수 있고 이로 인해 프로그램의 결과가 기대했던 것과 다르게 나올 수 있습니다. 튜플은 저장된 값이 바뀔 일이 없기 때문에 자신의 코드를 더욱 신뢰할 수 있게 합니다. 하지만 실제로 프로그램을 만들다 보면 값을 변경하는 경우가 많기 때문에 튜플보다는 리스트를 더 많이 사용하는 편입니다.

튜플을 만들 때 유의해야 할 점이 하나 있습니다. 값을 한 개만 가지고 있는 튜플을 만들 때는 반드시 값 뒤에 ,[쉼표]를 넣어줘야 한다는 거죠. 값이 한 개만 있을 때는 , 없이 ( )만 씌우면 튜플로 인식하지 않습니다.

코드 7-2 값이 한 개인 튜플을 만드는 코드

```
>>> my_int = (1)
>>> print(type(my_int))
<class 'int'>
>>> my_tuple = (1,)
>>> print(type(my_tuple))
<class 'tuple'>
```

type()은 입력한 값의 자료형을 알려주는 함수입니다. <class 'int'>는 정수, <class 'tuple'>은 튜플이라는 뜻입니다. type()으로 ()만 씌운 숫자 1을 저장한 my_int의 자료형을 알아보니 정수라고 나오네요. 1이라는 값 하나만 가지고 있는 튜플을 만들려면 my_tuple에 저장한 값처럼 1 뒤에 꼭 ,를 넣어줘야 합니다.

> **type()** 값의 자료형을 알려주는 함수

PLUS 값을 변경할 수 있는/없는 자료형

파이썬에서는 값을 변경할 수 있는지에 따라 자료형을 구분합니다. 값을 변경할 수 있는 자료형을 뮤터블[mutable], 값을 변경할 수 없는 자료형을 이뮤터블[immutable]이라고 합니다. 그렇다면 튜플은 어느 쪽일까요? 한번 값을 할당하면 바꿀 수 없는 튜플은 이뮤터블입니다. 문자열 역시 값을 변경할 수 없기 때문에 튜플과 같은 이뮤터블입니다.

♣ 값 가져오기

튜플의 값을 가져오려면 리스트와 마찬가지로 []대괄호를 사용합니다. [] 안에 인덱스를 넣어주면 그 값을 가져올 수 있습니다. 인덱스가 0부터 시작한다는 점도 리스트와 같습니다.

튜플[접근할_인덱스]

튜플로 특정 인덱스에 접근해봅시다. 다음 코드를 보세요.

코드 7-3 튜플에서 값을 가져오는 코드

```
>>> clovers = ('클로버1', '하트2', '클로버3') ⏎
>>> print(clovers[1]) ⏎
하트2
```

clovers에서 '하트2'를 가져오려고 합니다. 이를 위해서는 튜플의 이름인 clovers라는 튜플의 이름을 쓰고 [ ] 안에 인덱스를 넣습니다. 인덱스가 0부터 시작한다는 점도 리스트와 같습니다.

리스트와 다르게 튜플은 값을 변경할 수 없다고 했죠? 튜플의 값을 변경하려고 하면 [코드 7-4]처럼 에러가 발생합니다.

코드 7-4 튜플의 값을 변경하려는 코드

```
>>> clovers = ('클로버1', '하트2', '클로버3') ⏎
>>> clovers[1] = '클로버2' ⏎
Traceback (most recent call last):
  File "<pyshell#24>", line 1, in <module>
    clovers[1] = '클로버2'
TypeError: 'tuple' object does not support item assignment
```

♥ 패킹과 언패킹

여러 값을 하나의 변수에 넣는 것을 패킹[packing]이라고 합니다. 그리고 튜플의 값을 풀어서 여러 변수에 저장하는 것을 언패킹[unpacking]이라고 합니다. **패킹과 언패킹으로 여러 개의 변수에 여러 개의 값을 한꺼번에 할당**할 수 있습니다. 단, 언패킹을 할 때는 변수와 값의 개수가 일치해야 합니다. 언패킹은 튜플뿐만 아니라 리스트에서도 가능합니다.

패킹 여러 값을 하나의 변수에 넣는 것
언패킹 튜플을 풀어서 여러 변수에 저장하는 것

코드 7-5 패킹과 언패킹을 하는 코드

```
>>> clovers = '클로버1', '클로버2', '클로버3'   ← 패킹
>>> print(clovers)
('클로버1', '클로버2', '클로버3')
>>> alice_blue = (240, 248, 255)
>>> r, g, b = alice_blue   ← 언패킹
>>> print('R:', r, 'G:', g, 'B:', b)
R: 240 G: 248 B: 255
```

7-1 박하맛 사탕 바꿔주기

도도새와 앨리스는 한동안 말없이 서로를 바라보았어요.

"이 박하맛 사탕은 뭐니?"

앨리스가 물었어요.

"난 박하맛 사탕이 싫어. 딸기맛 사탕으로 바꿔줘."

도도새가 당연하다는 듯이 대답했어요.

앨리스도 박하맛 사탕을 싫어했지만, 친구와 사이좋게 지내라는 할머니의 말씀에 따르기로 했어요. 도도새의 박하맛 사탕을 딸기맛 사탕으로 바꿔줍시다.

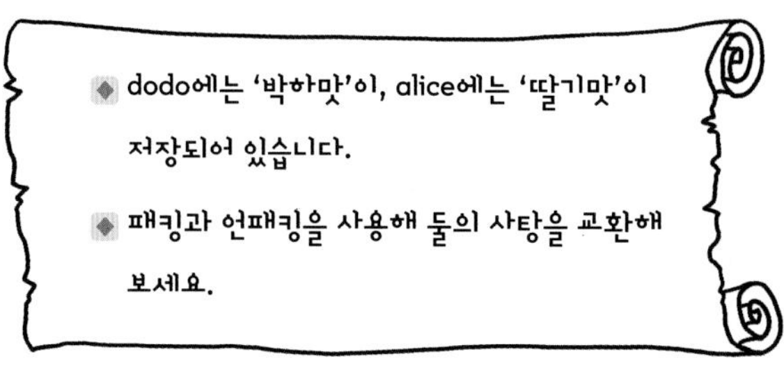

코드 7-6 두 변수의 값을 서로 교환하는 코드

```
01: dodo = '박하맛'
02: alice = '딸기맛'
03: print('도도새:', dodo, '앨리스:', alice)
04: dodo, alice = alice, dodo
05: print('도도새:', dodo, '앨리스:', alice)
```

↳ **실행화면**

```
도도새: 박하맛 앨리스: 딸기맛
도도새: 딸기맛 앨리스: 박하맛
```

김왼손의 해설

4번 라인을 보면 alice와 dodo의 값을 패킹한 뒤 각각 다시 dodo와 alice에 언패킹하고 있습니다. 패킹과 언패킹을 동시에 사용하면 두 변수의 값을 교환할 수 있습니다.

◆ 딕셔너리 기본 구조

딕셔너리dictionary는 키key와 값value의 쌍으로 구성되어 있는 자료형입니다. 딕셔너리를 말 그대로 해석하면 사전이죠. 영어사전에서 'python'이라는 단어를 찾아보면 '비단뱀'이라는 뜻이 나옵니다. 이처럼 사전에는 단어가 있고 그 단어에 대응하는 뜻이 있습니다. 여기서 단어 'python'은 키, 단어의 뜻 '비단뱀'은 값으로 생각할 수 있습니다. 딕셔너리는 다음과 같이 생겼습니다.

> **딕셔너리** 키와 값으로 구성되어 있는 자료형

{키1: 값1, 키2: 값2, …}

딕셔너리는 키와 값을 :콜론으로 묶고 {}중괄호와 ,콤마를 사용해서 만듭니다. 키는 숫자나 문자열, 튜플처럼 변경할 수 없는 자료형만 가능하고 값은 어떤 자료형이든 상관없습니다.

코드 7-7 딕셔너리를 만드는 코드

```
>>> my_dict1 = {}
>>> print(my_dict1)
{}
>>> my_dict2 = {0: 1, 1: -2, 2: 3.14}
>>> print(my_dict2)
{0: 1, 1: -2, 2: 3.14}
>>> my_dict3 = {'이름': '앨리스', '나이': 10, '시력': [1.0, 1.2]}
>>> print(my_dict3)
{'이름': '앨리스', '나이': 10, '시력': [1.0, 1.2]}
```

코드를 살펴보겠습니다. my_dict1은 빈 딕셔너리로 만들어봤으며 my_dict2는 숫자형으로, my_dict3은 혼합한 자료형으로 딕셔너리를 만들어봤습니다.

♠ 키-값 추가하기

키와 값을 추가할 때는 []를 사용합니다. [] 안에 키를 넣고 =를 사용해 값을 저장합니다. 키가 딕셔너리에 이미 등록되어 있으면 해당 키에 대응하는 값이 변경되고 없으면 새로 추가합니다.

딕셔너리[추가할_키] = 추가할_값

clover에 새로운 키와 값을 추가해봅시다.

코드 7-8 딕셔너리에 키-값을 추가하는 코드

```
>>> clover = {'나이': 27, '직업': '병사'}
>>> print(clover)
{'나이': 27, '직업': '병사'}
>>> clover['번호'] = 9
>>> print(clover)
{'나이': 27, '직업': '병사', '번호': 9}
```

♣ 값에 접근하기

리스트에서 인덱스로 값에 접근했던 것처럼 딕셔너리에서는 키로 값에 접근합니다. 딕셔너리에 없는 키를 사용하면 에러가 발생하니 조심하세요. 이럴 때를 대비해 get() 메소드를 사용하기도 합니다.

딕셔너리[접근할_키]

딕셔너리.get(접근할_키)

코드 7-9 딕셔너리의 값에 접근하는 코드

```
>>> clover = {'나이': 27, '직업': '병사', '번호': 9}
>>> print(clover['번호'])
9
>>> clover['번호'] = 6
>>> print(clover['번호'])
6
>>> print(clover.get('번호'))
6
```

♥ 키-값 제거하기

키-값을 제거할 때는 리스트와 마찬가지로 del 키워드를 사용합니다.

del 딕셔너리[제거할_키]

clover에서 '나이'를 키로 가지는 항목을 제거해봅시다.

코드 7-10 딕셔너리에서 키-값을 제거하는 코드

```
>>> clover = {'나이': 27, '직업': '병사', '번호': 6}
>>> print(clover)
{'나이': 27, '직업': '병사', '번호': 6}
>>> del clover['나이']
>>> print(clover)
{'직업': '병사', '번호': 6}
```

7-2 3월토끼의 라면 가게

3월토끼는 왕국에서 가장 유명한 라면 장인입니다. 3월토끼의 라면 가게는 언제나 손님으로 붐벼서 발 디딜 틈이 없었어요.

"매운라면 주세요!"

"저는 비빔라면요."

"짜장라면으로 바꿔주세요!"

카드 병사들은 줄도 서지 않고 여기저기서 주문을 하기 시작했어요. 라면을 끓여야 하는 3월토끼를 도와 대신 주문을 받아볼까요?

예제

- 주문1: '스페이드1'은 '비빔라면'을, '다이아2'는 '매운라면'을 주문했어요.
- 주문2: '클로버3'이 '카레라면'을 주문했어요.
- 주문3: '다이아2'가 '매운라면'을 '짜장라면'으로 바꿨어요.
- 주문4: 다이어트 중인 '스페이드1'이 주문을 취소했어요.

예제

코드 7-11 라면 주문을 추가/수정/취소하는 코드

```
order = {'스페이드1': '비빔라면', '다이아2': '매운라면'}
print(order)
order['클로버3'] = '카레라면'
print(order)
order['다이아2'] = '짜장라면'
print(order)
del order['스페이드1']
print(order)
```

↳ 실행화면

```
{'스페이드1': '비빔라면', '다이아2': '매운라면'}
{'스페이드1': '비빔라면', '다이아2': '매운라면', '클로버3': '카레라면'}
{'스페이드1': '비빔라면', '다이아2': '짜장라면', '클로버3': '카레라면'}
{'다이아2': '짜장라면', '클로버3': '카레라면'}
```

김윈손의 해설

카드 병사들의 주문을 관리하기 위해 카드 병사를 키로, 라면 종류를 값으로 하는 딕셔너리를 만들었습니다. 키를 사용해서 메뉴를 추가, 변경, 취소하는 것을 볼 수 있습니다.

♥ 한입에 쏙

♥ 튜플 만들기[146쪽]

튜플은 리스트와 거의 비슷하지만 값을 변경할 수 없습니다. ()와 ,를 사용해 튜플을 만듭니다.

```
>>> my_tuple1 = () ⏎
>>> print(my_tuple1) ⏎
()
>>> my_tuple2 = (1, -2, 3.14) ⏎
>>> print(my_tuple2) ⏎
(1, -2, 3.14)
>>> my_tuple3 = '앨리스', 10, 1.0, 1.2 ⏎
>>> print(my_tuple3) ⏎
('앨리스', 10, 1.0, 1.2)
```

♥ 값 가져오기[148쪽]

튜플도 리스트처럼 인덱스로 원하는 값을 가져올 수 있습니다.

```
>>> clovers = ('클로버1', '하트2', '클로버3') ⏎
>>> print(clovers[1]) ⏎
하트2
```

♥ 패킹과 언패킹149쪽

여러 값을 하나의 튜플로 묶는 것을 패킹, 튜플이나 리스트의 값을 풀어서 여러 변수에 저장하는 것을 언패킹이라고 합니다.

```
>>> clovers = '클로버1', '클로버2', '클로버3'
>>> print(clovers)
('클로버1', '클로버2', '클로버3')
>>> alice_blue = (240, 248, 255)
>>> r, g, b = alice_blue
>>> print('R:', r, 'G:', g, 'B:', b)
R: 240 G: 248 B: 255
```

♥ 딕셔너리 만들기152쪽

딕셔너리는 키와 값의 쌍으로 구성되어 있는 자료형입니다. {}와 ,를 사용해서 만들 수 있으며 키와 값은 :으로 묶습니다.

```
>>> my_dict1 = {}
>>> print(my_dict1)
{}
>>> my_dict2 = {0: 1, 1: -2, 2: 3.14}
>>> print(my_dict2)
{0: 1, 1: -2, 2: 3.14}
>>> my_dict3 = {'이름': '앨리스', '나이': 10, '시력': [1.0, 1.2]}
>>> print(my_dict3)
{'이름': '앨리스', '나이': 10, '시력': [1.0, 1.2]}
```

♥ 키–값 추가하기153쪽

딕셔너리에 키와 값을 추가할 때는 [] 안에 키를 넣고 값을 저장합니다. 키가 이미 있으면 해당 값이 변경되고 없으면 새로 추가합니다.

```
>>> clover = {'나이': 27, '직업': '병사'} ⏎
>>> print(clover) ⏎
{'나이': 27, '직업': '병사'}
>>> clover['번호'] = 9 ⏎
>>> print(clover) ⏎
{'나이': 27, '직업': '병사', '번호': 9}
```

♥ 값에 접근하기153쪽

딕셔너리의 값에 접근할 때도 키를 사용합니다. 리스트에서 인덱스로 값에 접근했던 것처럼 딕셔너리는 키를 사용해 값에 접근합니다.

```
>>> clover = {'나이': 27, '직업': '병사', '번호': 9} ⏎
>>> print(clover['번호']) ⏎
9
>>> clover['번호'] = 6 ⏎
>>> print(clover['번호']) ⏎
6
>>> print(clover.get('번호')) ⏎
6
```

♥ 키-값 제거하기154쪽

키와 값을 제거할 때는 리스트와 마찬가지로 del 키워드를 사용합니다. 인덱스 대신 키를 사용한다는 점이 다릅니다.

```
>>> clover = {'나이': 27, '직업': '병사', '번호': 6} ⏎
>>> print(clover) ⏎
{'나이': 27, '직업': '병사', '번호': 6}
>>> del clover['나이'] ⏎
>>> print(clover) ⏎
{'직업': '병사', '번호': 6}
```

프로젝트 : 가위바위보 3단계

이번에는 7장에서 배운 튜플과 딕셔너리를 활용하겠습니다. 튜플과 딕셔너리로 대결 결과를 미리 저장해두면 이전 게임에서의 대결 결과를 판단하는 부분을 크게 줄일 수 있습니다. 어떻게 하면 튜플과 딕셔너리로 대결 결과를 저장할 수 있을지 한 번 생각해보세요.

- 대결 결과를 저장하는 딕셔너리를 만드세요.
- 이 딕셔너리를 사용해 대결 결과를 판단하세요.

코드 project3 딕셔너리를 사용한 가위바위보

```
import random

rps = ['가위', '바위', '보']

results = {
    ('가위', '보'): True,
    ('가위', '바위'): False,
    ('바위', '가위'): True,
    ('바위', '보'): False,
    ('보', '바위'): True,
    ('보', '가위'): False
    }

while True:
    player = input('가위/바위/보/끝: ')
    computer = random.choice(rps)

    if player == '끝':
        break

    print(player, computer)

```

- import random: 컴퓨터가 무작위로 선택하게 하는 데 필요합니다.
- rps = ['가위', '바위', '보']: 가위, 바위, 보를 저장하는 리스트입니다.
- results = {: 딕셔너리에 대결 결과를 저장합니다. 키는 사용자와 컴퓨터의 선택을 튜플로, 값은 그에 따른 결과를 논리형으로 저장합니다. True는 사용자의 승리, False는 사용자의 패배를 의미하죠. 항목이 많은 딕셔너리는 줄바꿈으로 보기 좋게 정렬하기도 합니다.
- while True: 게임을 무한 반복합니다.
- player = input('가위/바위/보/끝: '): 사용자에게는 입력을 받고
- computer = random.choice(rps): 컴퓨터는 랜덤하게 선택합니다.
- if player == '끝': '끝'을 입력하면
- break: 반복을 종료합니다.
- print(player, computer): 선택은 실행할 때마다 달라집니다.

```
    if player == computer:                   만약 같은 것을 선택하면
        print('비겼어요!')                   '비겼어요!'를 출력합니다.
    elif results[(player, computer)]:        아닐 경우 대결 결과 딕셔너리를 참고해서
        print('이겼어요!')                   가위바위보 게임을 이겼는지
    else:                                    아니면
        print('졌어요!')                     졌는지 판단합니다.
```

김왼손의 해설

사용자와 컴퓨터의 선택을 튜플로 묶고 키로, 선택에 따른 대결 결과를 값으로 사용하는 딕셔너리를 만듭니다. 이 딕셔너리를 사용하면 이전 게임에서의 대결 결과를 판단하는 부분을 크게 줄일 수 있습니다. 혹시나 새로운 규칙이 생기더라도 쉽게 추가할 수 있다는 장점도 있습니다.

연습문제

1. 아래와 같은 출력 결과가 나오도록 빈칸을 채워보세요.

```
>>> nums = ( )
>>> print(nums)
(1, 2, 3)
```

2. 다음 코드의 출력 결과를 적어보세요.

```
my_tuple = (3.14, 2.71)
print(my_tuple)
print(my_tuple[1])
```

↳

3. 다음 중 출력 결과가 다른 코드를 고르세요.

①
```
>>> my_var = 1,
>>> print(type(my_var))
```

②
```
>>> my_var = (1,)
>>> print(type(my_var))
```

③
```
>>> my_var = (1)
>>> print(type(my_var))
```

④
```
>>> my_var = 1, 2
>>> print(type(my_var))
```

4. 다음 코드의 출력 결과를 적어보세요.

```
nums = 1, 2, 3
for i in range(3):
    print(nums[i])
```

↳ ( ) ( ) ( )

5. 다음 코드의 출력 결과를 적어보세요.

```
diamonds = 1, 5, 6, 7
ace, king, queen, jack = diamonds
print(queen)
```

↳ ( )

6. 다음 코드의 출력 결과를 적어보세요.

```
alice = {}
alice['성별'] = '여'
alice['나이'] = 13
alice['혈액형'] = 'AB'
print(alice)
```

↳ ( )

7. 앨리스의 혈액형을 출력하려고 합니다. 다음 중 올바른 코드를 고르세요.

①
```
alice = {'성별': '여', '나이': 13, '혈액형': 'AB'}
print(alice['혈액형'])
```

②
```
alice = {'성별': '여', '나이': 13, '혈액형': 'AB'}
print(alice[혈액형])
```

③
```
alice = {'성별': '여', '나이': 13, '혈액형': 'AB'}
print(alice['AB'])
```

④
```
alice = {'성별': '여', '나이': 13, '혈액형': 'AB'}
print(alice[AB])
```

8. 앨리스의 나이를 14로 바꾸는 코드를 작성하세요.

```
alice = {'성별': '여', '나이': 13, '혈액형': 'AB'}
[                    ]
print(alice['나이'])
```

↳ 14

9. 아래와 같은 출력 결과가 나오도록 빈칸을 채워보세요.

```
alice = {'성별': '여', '나이': 14, '혈액형': 'AB'}
[                    ]
print(alice['전화번호'])
```

↳ 010-1234-5678

10. 아래와 같은 출력 결과가 나오도록 빈칸을 채워보세요.

```
alice = {'성별': '여', '나이': 14, '혈액형': 'AB', '전화번호': '010-1234-5678'}
[                    ]
print(alice)
```

{'성별': '여', '나이': 14, '혈액형': 'AB'}

칼럼 07

신나는 게임으로 배우는 파이썬 #2

프로그래머의 진검 승부, 코딩게임

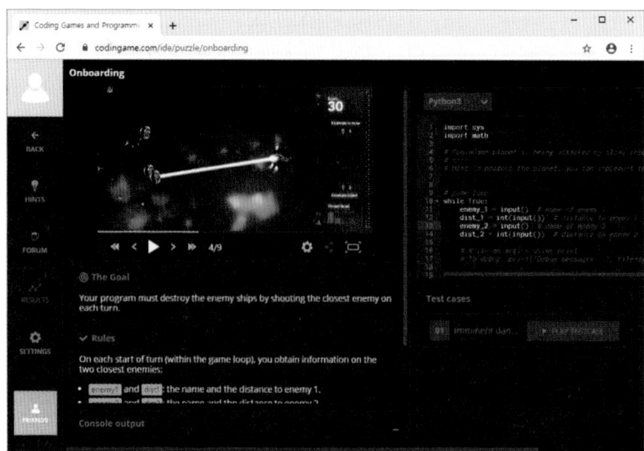

• https://www.codingame.com/

코딩게임CodinGame은 각종 프로그래밍 문제를 해결하고 다른 유저와 경쟁하며 실력을 키울 수 있는 게임입니다. 파이썬뿐만 아니라 자바, C++ 등 다양한 프로그래밍 언어를 선택할 수 있습니다. 코딩게임에는 프로그래밍 문제를 직접 풀어보는 연습 모드와 다른 유저와 실력을 겨루는 경쟁 모드가 있습니다. 게임을 즐기다 보면 자신도 모르게 프로그래밍 실력이 늘어난 것을 발견할 수 있습니다. 파이썬과 알고리즘에 익숙하지 않다면 코딩게임 사이트의 문제를 차근차근 설명하는 『게임으로 익히는 코딩 알고리즘』(한빛미디어, 2019)을 보면서 익혀가도 좋습니다.

문제 풀이로 실력 쑥쑥 키우기. 체크아이오

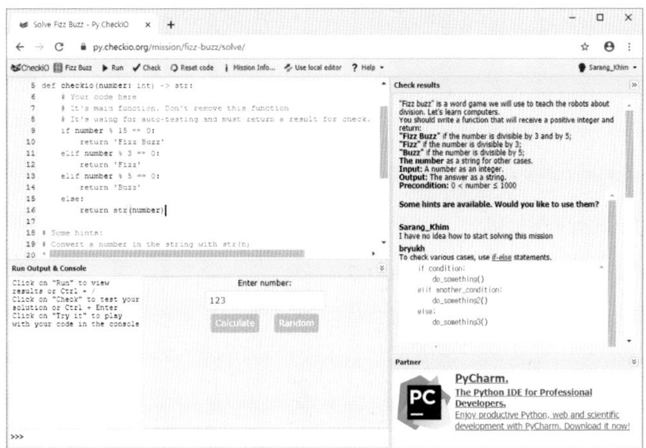

- https://checkio.org/

체크아이오CheckiO는 프로그래머를 위한 게임입니다. 다양한 프로그래밍 문제를 해결하며 실력을 키울 수 있죠. 해결한 답안을 공개할 수도 있어서 다른 사람은 같은 문제를 어떻게 해결했는지도 확인할 수 있습니다. 난이도는 대체로 쉽지 않은 편이지만 친절한 힌트 덕분에 차근차근 실력을 쌓는 데 아주 좋습니다.

chapter 8
모아서 다시 쓰기

8장에서는

코드를 모아서 다시 쓰는 방법을 살펴봅니다. 8장에서 배울 내용은 다음과 같습니다.

학습목표

+ 함수를 사용하는 이유
+ 함수 만들고 사용하기
+ 모듈 사용하기

♠ 누가 파이를 훔쳤나

하트 여왕의 파이를 훔친 범인을 찾는 재판이 열렸어요. 흰 토끼가 나팔을 힘차게 세 번 불더니 양피지 두루마리를 펼치고 다음과 같이 읽었어요.

"하트 여왕님께서 어느 여름날 파이를 만드셨다. 누군가 그 파이를 훔쳐서 멀리 달아났도다."

재판정은 증언을 하려는 카드 병사들로 시끌시끌했어요. 다들 재판의 시작을 기다리고 있었는데 하트 여왕은 증언을 듣기도 전에 판결을 내리기 시작했어요.

코드 8-1 모든 카드 병사에게 유죄 판결을 내리는 코드

```
print('하트 1 유죄!')
print('하트 2 유죄!')
print('하트 3 유죄!')
print('클로버 1 유죄!')
print('클로버 2 유죄!')
print('클로버 3 유죄!')
print('스페이드 1 유죄!')
print('스페이드 2 유죄!')
print('스페이드 3 유죄!')
```

↳ 실행화면

```
하트 1 유죄!
하트 2 유죄!
하트 3 유죄!
클로버 1 유죄!
클로버 2 유죄!
클로버 3 유죄!
스페이드 1 유죄!
스페이드 2 유죄!
스페이드 3 유죄!
```

이러다가는 법정에 있는 모든 카드 병사가 유죄 판결을 받게 생겼어요. 하지만 다행히도 카드 병사의 수가 너무 많았기 때문에 하트 여왕은 곧 지쳐버리고 말았어요.

[코드 8-1]에서는 카드 병사의 종류만 바뀌고 같은 코드가 반복되고 있습니다. 이럴 때 함수를 사용하면 모두에게 쉽게 판결을 내릴 수 있습니다.

반복되는 코드를 모아서 이름을 붙인 것을 함수라고 합니다. 필요할 때 함수의 이름을 불러서 사용할 수 있습니다. 우리가 사용해왔던 `print()`, `range()` 등도 모두 함수입니다.

함수 반복되는 코드를 모아서 이름을 붙인 것

♣ 함수의 종류

파이썬의 함수는 크게 세 가지로 구분할 수 있습니다. 바로 내장built-in 함수, 모듈module의 함수, 사용자 정의 함수입니다.

내장 함수는 파이썬에 포함되어 있는 함수입니다. `print()`, `range()` 같은 것들이 대표적인 내장 함수입니다. 내장 함수는 파이썬을 설치했다면 어떤 준비도 필요 없이 언제든지 사용할 수 있습니다.

모듈은 비슷한 함수끼리 모아둔 파일입니다. 파이썬에 포함되어 있는 모듈도 있고 다른 사람들이 만든 것도 있는데 이런 모듈의 함수를 가져와서 사용할 수 있습니다. 모듈은 뒤에서 살펴보겠습니다.

사용자 정의 함수는 직접 만들어서 사용하는 함수입니다. 여태까지 사용하기만 하던 함수를 직접 만들 수도 있습니다.

먼저 함수의 기본 구조를 살펴보면서 간단한 사용자 정의 함수를 만들어보겠습니다.

♥ 함수의 기본 구조

함수를 만들 때는 def 키워드를 사용합니다. 함수의 기본 구조는 다음과 같습니다.

```
def 함수_이름(인수):
␣␣␣␣실행할_명령      ┐
␣␣␣␣return 반환값    ┘─ ②코드블록
<-->
①들여쓰기
```

def 다음에는 한 칸 띄고 함수의 이름이 옵니다. 이름은 함수가 어떤 일을 하는지 알려줄 수 있는 것이 좋습니다. 변수의 이름을 지을 때와 비슷하죠? 그 옆에는 ()소괄호와 :콜론이 있고 () 안에는 인수argument가 있네요. 인수는 함수에 전달하는 입력 값입니다. 인수는 있어도 되고 없어도 됩니다. 인수를 여러 개 전달할 때는 ,로 구분합니다.

> **인수** 함수에 전달하는 입력 값
> **반환값** 함수에서 받아오는 값. 리턴값, 결괏값

모으려는 코드는 ①들여쓰기로 구분합니다. return 키워드를 사용하면 함수에서 값을 돌려줄 수 있습니다. 함수에서 받아오는 값을 반환값(또는 결괏값, 리턴값)이라고 합니다. 반환값 역시 있어도 되고 없어도 됩니다.

코드 8-2 함수를 사용해 문자열을 출력하는 코드

```
01:  def my_func():
02:      print('토끼야 안녕!')
03:
04:  my_func()
```

↳ 실행화면

```
토끼야 안녕!
```

my_func()은 '토끼야 안녕!'이라는 문자열을 출력하는 함수입니다. 이 함수는 인수도, 반환값도 없습니다. 직접 만든 **함수를 사용하려면 4번 라인처럼 함수의 이름을 부르면 됩니다.**

코드 8-3 함수를 사용해 두 개의 숫자를 더하는 코드

```
01:   def add(num1, num2):
02:       return num1 + num2
03:
04:   print(add(2, 3))
```

↳ 실행화면

```
5
```

[코드 8-3]의 add() 함수는 두 개의 숫자를 입력으로 받습니다. 그다음 2번 라인에서 return 키워드를 사용해 인수로 전달받은 두 개의 숫자를 더한 값을 돌려줍니다.

값을 여러 개 돌려줄 수도 있습니다. return 키워드 뒤에 돌려줄 값을 ,로 구분하면 됩니다. 여러 개를 돌려줄 때는 하나의 튜플로 묶어서 전달합니다. [코드 8-3]을 조금 수정해볼까요?

코드 8-4 함수를 사용해 두 개의 숫자를 더하고 곱하는 코드

```
def add_mul(num1, num2):
    return num1 + num2, num1 * num2

print(add_mul(2, 3))
```

↳ 실행화면

```
(5, 6)
```

add_mul()은 두 개의 숫자를 입력으로 받아 더한 값과 곱한 값을 돌려줍니다. 더한 값과 곱한 값을 ,로 구분하고 있죠? 두 개의 값을 튜플로 묶어서 돌려받은 것을 확인할 수 있습니다.

PLUS 인수와 매개변수

함수에 전달하는 값을 인수라고 했었죠. 인수의 또 다른 이름은 매개변수parameter입니다. 함수에 보내는 쪽에서는 인수, 받는 쪽에서는 매개변수라고 구분하기도 하지만 혼용해서도 많이 사용합니다. 두 단어 모두 함수에 값을 전달한다는 기본 개념은 같습니다.

8-1 좀 더 효율적인 판결

하트 여왕이 증언은 듣지도 않고 끊임 없이 판결만 내리더니 결국 지쳐버리고 말았어요.

"꼬마야, 이제부터는 네가 판결을 내려라. 난 골치가 너무 아프구나!"

하트 여왕은 앨리스에게 이렇게 말하고는 그대로 바닥에 누워버렸어요. 하트 여왕을 대신해 좀 더 효율적인 방법으로 판결을 내려볼까요?

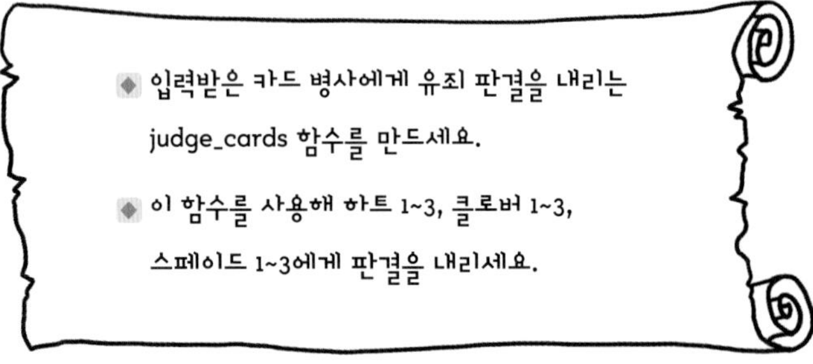

코드 8-5 함수를 사용해 판결을 내리는 코드

```
def judge_cards(name):
    print(name, '1 유죄!')
    print(name, '2 유죄!')
    print(name, '3 유죄!')

judge_cards('하트')
judge_cards('클로버')
judge_cards('스페이드')
```

↳ 실행화면

```
하트 1 유죄!
하트 2 유죄!
하트 3 유죄!
클로버 1 유죄!
클로버 2 유죄!
클로버 3 유죄!
스페이드 1 유죄!
스페이드 2 유죄!
스페이드 3 유죄!
```

카드 병사의 이름을 입력받아 판결을 내리는 코드를 judge_cards()라는 이름으로 묶었습니다. [코드 8-5]는 [코드 8-1]과 같은 기능을 수행하지만 약간 더 짧습니다. 만약 병사의 종류별로 3명씩이 아닌 100명씩에게 판결을 내린다고 하면 그 차이는 더욱 커지겠죠?

김왼손의 해설

◆ 모듈

모듈은 비슷한 함수끼리 모아둔 파일을 말합니다. 함수와 마찬가지로 기본으로 제공하는 모듈도 있고 직접 만들 수도 있습니다. 다른 사람들이 이미 만들어 놓은 모듈을 가져와서 사용할 수도 있습니다.

모듈 비슷한 기능의 함수를 모아둔 파일

모듈을 사용하면 프로그램을 만드는 데 드는 수고를 줄일 수 있습니다. 이는 파이썬의 가장 큰 장점 중 하나입니다. 이런 모듈 대부분은 충분히 검증되어 있기 때문에 직접 만드는 것보다 성능이 좋을 가능성이 높습니다.

모듈의 함수를 사용하려면 일단 사용할 모듈을 불러와야 합니다. 사용할 모듈을 불러오기 위해서는 `import` 키워드를 사용합니다. `import`로 모듈을 불러온 다음 모듈 이름 뒤에 .마침표를 붙이면 그 모듈이 포함하고 있는 함수를 사용할 수 있습니다.

import 모듈을 불러오는 키워드

PLUS 배터리 포함

장난감을 샀는데 집에 와서 보니 배터리가 포함되어 있지 않다면 어떻게 해야 할까요? 배터리를 새로 사거나 시계에서 꺼내야겠죠. 하지만 살 때부터 배터리가 포함된 장난감은 포장을 뜯자마자 바로 가지고 놀 수 있습니다.

파이썬은 배터리를 포함하고 있는 장난감과 같습니다. 이미 수많은 사람들이 만들어둔 모듈과 함수가 많기 때문에 따로 만들 필요 없이 바로 가져와 사용할 수 있습니다. 이런 의미에서 흔히 파이썬을 배터리 포함 언어라고 합니다.

♠ 랜덤하게 뽑기

파이썬은 많은 모듈을 포함하고 있습니다. 그중 하나인 random을 살펴보겠습니다. random은 난수를 만들거나 무작위와 관련된 함수를 포함합니다. 동전 던지기나 제비뽑기처럼 무작위성이 필요할 때 사용할 수 있습니다.

random.choice()는 리스트의 값 중 하나를 임의로 선택합니다. 입력 값은 리스트뿐만 아니라 문자열이나 튜플 등 순서열이라면 무엇이든 가능합니다.

random.choice(리스트)

코드 8-6 하나의 값을 임의로 선택하는 코드

```
01: import random
02: animals = ['체셔고양이', '오리', '도도새']
03: print(random.choice(animals))
```

↳ 실행화면

```
도도새
```

모듈의 함수에 접근하려면 1번 라인처럼 import 키워드로 모듈을 불러와야 합니다. 이후 .로 random 모듈의 choice()를 사용할 수 있습니다. random.choice()의 결과는 무작위로 정해지므로 출력 결과는 여러분의 것과 다를 수 있습니다.

PLUS 코드의 결과가 책과 달라요.

random 모듈의 함수는 모두 무작위성을 가집니다. 따라서 random 모듈을 사용한 코드의 결과는 책과 같을 수도, 다를 수도 있습니다. 코드를 실행할 때마다 다른 결과가 나올 테니까요.

random.sample()은 리스트의 값 중에서 지정한 개수만큼 중복 없이 임의로 선택합니다. 이 함수는 리스트와 선택할 값의 개수를 입력으로 받고 그 결과는 항상 리스트입니다.

random.sample(리스트, 뽑을_개수)

다음 [코드 8-7]은 animals 리스트에서 random.sample로 2개의 값을 뽑아오는 코드입니다. 실행화면은 여러분과 다를 수 있습니다.

코드 8-7 여러 개의 값을 임의로 선택하는 코드

```
import random
animals = ['체셔고양이', '오리', '도도새']
print(random.sample(animals, 2))
```

↳ 실행화면

```
['오리', '도도새']
```

random.randint()는 지정한 범위에서 정수 하나를 임의로 선택합니다. 입력 값으로 두 개의 정수를 받는데 앞의 숫자부터 뒤의 숫자까지의 정수 중 하나를 선택합니다.

```
random.randint(시작_값, 끝_값)
```

다음 [코드 8-8]의 실행화면도 여러분과 다를 수 있습니다. random 함수는 임의의 값을 가져오기 때문입니다.

코드 8-8 지정한 범위에서 임의의 정수를 선택하는 코드

```
import random
print(random.randint(5, 10))
```

↳ 실행화면

```
6
```

8-2 하트 여왕의 판결

예제

“지금부터는 제비뽑기로 판결을 내리겠다!”

다시 기운을 차린 하트 여왕이 말했어요.

“하지만 그건 불공평해요!”

앨리스가 반박했어요.

“이건 가장 오래된 규칙이야. 어서 판결을 내려라!”

하트 여왕이 근엄한 목소리로 말했어요. random 모듈을 사용해서 제비뽑기로 판결을 내려봅시다.

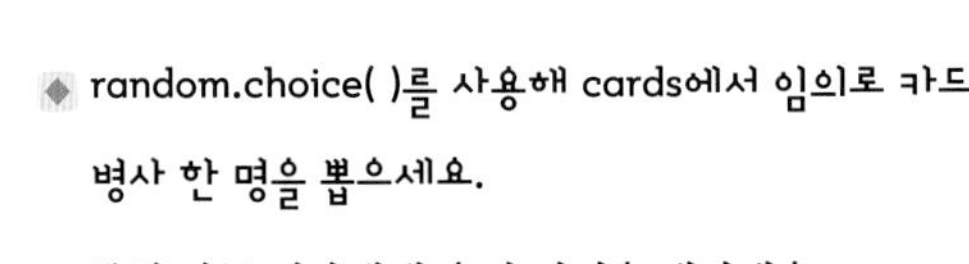

코드 8-9 임의로 카드 하나를 뽑는 코드

```
import random
cards = ['하트', '클로버', '스페이드']
chosen_card = random.choice(cards)
print(chosen_card, '유죄!')
```

↳ 실행화면

```
클로버 유죄!
```

김윈손의 해설

random.choice()는 리스트에서 하나의 값을 임의로 가져옵니다. 값은 무작위로 선택되므로 유죄 판결을 받는 카드 병사는 코드를 실행할 때마다 달라집니다.

♣ 모듈을 사용하는 이유

"있는 바퀴를 다시 만들지 말아라."라는 말이 있습니다. 직접 자동차를 만든다고 했을 때 바퀴부터 모든 걸 처음부터 만든다면 어떨까요? 아마 시간과 노력이 정말 많이 들 겁니다. 안전하고 품질 좋은 바퀴를 만들 수 있을지도 확실하지 않죠.

하지만 이미 완성된 바퀴가 준비되어 있다면 어떨까요? 우리는 그냥 완성된 바퀴를 조립하면 되니 이른 시일 내에 자동차를 만들 수 있습니다. 또한 전문가가 만든 바퀴이니 우리가 만든 것보다 품질이 좋을 확률이 높습니다.

파이썬도 마찬가지입니다. 이미 잘 만들어져 있는 것들을 다시 만드느라 시간을 낭비할 필요가 없습니다. 이런 것들은 보통 충분히 검증되어 있기 때문에 잘 가져다 사용하면 빠르게 원하는 프로그램을 만들 수 있습니다.

파이썬에는 random 말고도 셀 수 없을 정도로 많은 모듈이 있습니다. 이런 모듈을 사용해 빠르게 개발할 수 있다는 점이 파이썬의 가장 큰 장점입니다.

PLUS 더 많은 모듈을 알고 싶어요.

대화형 셸에서 help('modules')를 입력해보세요. 여러분의 컴퓨터에 설치되어 있는 모듈을 확인할 수 있습니다.

```
>>> help('modules')

Please wait a moment while I gather a list of all available modules...

__future__          _warnings           heapq               runpy
__main__            _weakref            help                runscript
_ast                _weakrefset         help_about          sched
......
```

help()를 사용하면 각 모듈에 대한 설명도 볼 수 있습니다. 좀 더 자세한 설명을 보고 싶다면 구글에서 'python module index'라고 검색해보세요.

한입에 쏙

함수[171쪽]

반복되는 코드를 모아서 이름을 붙인 것을 함수라고 합니다. 필요할 때 함수의 이름을 불러서 사용할 수 있습니다. 파이썬의 함수는 내장 함수, 모듈의 함수, 사용자 정의 함수로 구분할 수 있습니다.

함수 만들기[172쪽]

def 키워드로 함수를 만듭니다. 인수나 반환값은 있을 수도 있고 없을 수도 있습니다.

```
def my_func():
    print('토끼야 안녕!')

my_func()
```

인수로 값을 받아오거나 return 키워드로 값을 돌려줄 수 있습니다.

```
def add(num1, num2):
    return num1 + num2

print(add(2, 3))
```

여러 개의 값은 ,로 구분해서 돌려줍니다. 여러 개를 돌려줄 때는 하나의 튜플로 묶어서 전달합니다.

```
def add_mul(num1, num2):
    return num1 + num2, num1 * num2

print(add_mul(2, 3))
```

♥ 모듈176쪽

모듈은 비슷한 기능의 함수끼리 모아둔 파일입니다. import 키워드로 불러오고 .를 사용해 포함하고 있는 함수를 사용할 수 있습니다.

♥ random176쪽

random은 난수를 만들거나 무작위와 관련된 함수를 포함하는 모듈입니다.

random.choice()는 리스트의 값 중 하나를 임의로 선택합니다.

```
import random
animals = ['체셔고양이', '오리', '도도새']
print(random.choice(animals))
```

random.sample()은 리스트의 값 중에서 지정한 개수만큼 중복 없이 임의로 선택합니다.

```
import random
animals = ['체셔고양이', '오리', '도도새']
print(random.sample(animals, 2))
```

random.randint()는 지정한 범위에서 정수 하나를 임의로 선택합니다.

```
import random
print(random.randint(5, 10))
```

프로젝트 : 가위바위보 4단계

마지막 가위바위보 게임입니다. 이번에는 완전히 다른 방식의 가위바위보 게임을 만들어 보겠습니다. '가위', '바위', '보' 문자열이 아닌 0, 1, 2 정수를 입력받는 방법입니다. 숫자 사이의 관계에 따라 대결 결과를 판단할 수 있습니다. 8장에서 배운 함수도 적용해보면 더욱 좋습니다.

- 가위, 바위, 보를 정수 0, 1, 2로 입력받으세요.
- 컴퓨터도 정수 0, 1, 2 중 랜덤으로 선택하게 하세요.
- 두 값의 차에 따라 결과를 판단하는 함수를 만드세요.

코드 project4 함수를 넣은 가위바위보

```
import random                                  random 모듈을 불러옵니다.

def compare(p_choice, c_choice):               대결 결과를 판단하는 함수입니다.
    if p_choice == c_choice:                   만약 둘의 선택이 같다면
        print('비겼어요!')                      '비겼어요!'를 출력합니다.
    elif (p_choice - c_choice) % 3 == 1:       두 값의 차를 3으로 나눈 나머지가 1이면
        print('이겼어요!')                      사용자의 승리를 의미합니다.
    else:                                      그렇다면 나머지 경우는
        print('졌어요!')                        사용자의 패배겠죠?

while True:                                    게임을 무한으로 반복합니다.
    rps = ['가위', '바위', '보']                가위, 바위, 보를 저장하는 리스트입니다.

    player = int(input('가위(0)/바위(1)/보(2)/끝(-1): '))
                                               입력받은 값을 정수로 변환합니다.
    computer = random.randint(0, 2)            컴퓨터는 0, 1, 2 중에서 랜덤하게 선택합니다.

    if player == -1:                           -1을 입력하면
        break                                  게임을 종료합니다.
```

```

    print(rps[player], rps[computer])  # 인덱스로 선택을 출력합니다.

    compare(player, computer)  # compare 함수로 대결 결과를 확인합니다.
```

김왼손의 해설

사용자와 컴퓨터의 값을 빼면 대결 결과를 판단할 수 있습니다. input()은 항상 문자열로 입력을 받습니다. 계산을 하려면 입력받은 문자열을 숫자로 바꿔줘야 하기 때문에 int()를 사용했습니다. 컴퓨터는 random.randint()로 0, 1, 2 중 하나를 랜덤하게 선택합니다.

두 값의 차를 3으로 나눈 나머지는 0, 1, 2 중 하나입니다. -2와 -1을 3으로 나눈 나머지는 각각 1과 2입니다. 이때 나머지가 0이면 비긴 것이고, 1은 사용자의 승리, 2는 사용자의 패배를 의미합니다.

대결 결과를 출력하는 코드를 compare() 함수로 묶었습니다.

연습문제

1. 다음 코드의 출력 결과를 적어보세요.

```
def welcome():
    print('이상한 나라에 오신 것을 환영합니다.')

welcome()
```

↳

2. 다음 코드의 출력 결과를 적어보세요.

```
def welcome(name):
    print(name, '님 이상한 나라에 오신 것을 환영합니다.')

welcome('앨리스')
welcome('도도새')
```

↳

3. 아래와 같은 출력 결과가 나오도록 빈칸을 채워보세요.

```

    print('*' * num)

draw_stars(3)
draw_stars(2)
draw_stars(1)
```

↳
```
***
**
*
```

4. 아래와 같은 출력 결과가 나오도록 빈칸을 채워보세요.

```
def concat(str1, str2):


print(concat('빨주노초', '파남보'))
```

↳
```
빨주노초파남보
```

5. 정수 두 개를 입력받아 두 정수의 뺀 값과 나눈 값을 돌려주는 함수 sub_div()를 만들어보세요.

```



print(sub_div(6, 3))
```

```
↳ (3, 2.0)
```

6. 카드의 이름과 수를 입력으로 받아 판결을 내리는 함수를 만들어보세요.

```
def judge_cards(name, num):



judge_cards('하트', 2)
judge_cards('클로버', 3)
```

```
↳ 하트 1 유죄!
  하트 2 유죄!
  클로버 1 유죄!
  클로버 2 유죄!
  클로버 3 유죄!
```

7. 다음은 무작위로 한 장의 카드를 뽑는 코드입니다. 빈칸을 채워보세요.

```

clovers = ['클로버1', '클로버2', '클로버3']
print(random.choice(clovers))
```

8. 중복되지 않는 카드 두 장을 뽑도록 빈칸을 채워보세요.

```
import random
clovers = ['클로버1', '클로버2', '클로버3']
print(                    )
```

9. 다음 중 출력 결과가 다른 하나를 고르세요.

①
```
import random
print(random.choice([1, 2, 3]))
```

②
```
import random
print(random.choice(range(1, 4)))
```

③
```
import random
print(random.randint(1, 3))
```

④
```
import random
print(random.randint(1, 4))
```

10. 인디언들은 태어난 날에 따라 이름을 짓는다고 합니다. birth_year는 태어난 연도의 1의 자리, birth_month는 태어난 월, birth_date는 태어난 일을 의미합니다. random 모듈을 사용해 무작위로 인디언식 이름을 지어볼까요?

```
import random
birth_year = ['시끄러운 ', '푸른 ', '적색 ', '조용한 ', '웅크린 ',
'백색 ', '지혜로운 ', '용감한 ', '날카로운 ', '욕심많은 ']
birth_month = ['늑대', '태양', '양', '매', '황소', '불꽃', '나무',
'달빛', '말', '돼지', '하늘', '바람']
birth_date = ['와(과) 함께 춤을', '의 기상', '은(는) 그림자 속에',
'', '', '', '의 환생', '의 죽음', ' 아래에서', '을(를) 보라', '이(가)
노래하다', ' 그림자', '의 일격', '에게 쫓기는 남자', '의 행진', '의 왕',
'의 유령', '을(를) 죽인자', '은(는) 맨날 잠잔다', '처럼', '의 고향',
'의 전사', '은(는) 나의 친구', '의 노래', '의 정령', '의 파수꾼',
'의 악마', '와(과) 같은 사나이', '을(를) 쓰러트린자', '의 혼',
'은(는) 말이없다']
random_name = random.choice(birth_year) + random.choice(birth_month)
+ random.choice(birth_date)
print('당신의 인디언식 이름은', random_name, '입니다.')
```

↳

칼럼 08

본격! 파이썬 개발 준비

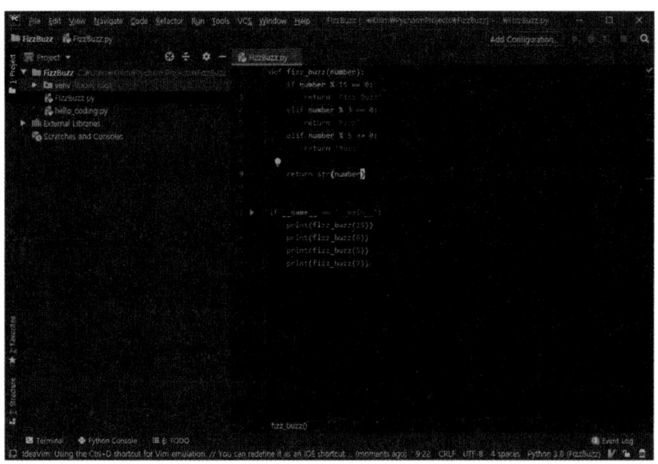

- https://www.jetbrains.com/pycharm/

우리는 여태까지 파이썬을 설치하면 함께 따라오는 IDLE로 실습을 했습니다. IDLE은 파이썬을 처음 배우거나 간단한 코드를 테스트할 때는 좋지만 본격적인 프로그래밍을 하기에는 조금 무리가 있습니다.

조금 더 규모 있는 프로그램을 만들 때는 통합 개발 환경Integrated Development Environment, IDE이 필요합니다. 통합 개발 환경이란 효율적인 프로그래밍을 위해 필요한 기능을 모아 둔 프로그램을 말합니다. 파이썬을 위한 다양한 통합 개발 환경이 있지만 그중 파이참PyCharm을 추천합니다.

파이참은 많은 프로그래머가 사용하는 오직 파이썬만을 위한 통합 개발 환경입니다. 자동 완성 기능이나 실시간 에러 체크 같은 기능을 포함하고 있어 생산성을 높일 수 있고 앞에서 살펴봤던 PEP 8 체크도 실시간으로 수행하기 때문에 코드의 질을 높일 수 있죠. 커뮤니티 버전의 경우에는 무료로 사용할 수 있습니다.

마치며

여기까지가 『Hello Coding 한입에 쏙 파이썬』의 전부입니다. 한입 맛 본 파이썬은 어땠나요? '더 배워보고 싶다.' 하고 흥미가 생긴 분도, '내 길이 아닌가 보다.' 하는 분도 있을 겁니다. 이 책에서는 파이썬에서 가장 중요하고 자주 사용하는 내용만 다뤘습니다. 하지만 이는 수면 위로 보이는 빙산의 일부일 뿐이며, 우리가 모르는 비디 속 나미지 부분도 아직 많이 남아있습니다.

전기밥솥을 사면 사용설명서가 함께 따라옵니다. 우리가 여태까지 한 것은 사용설명서 가장 앞부분의 기본 사용법을 익힌 것과 같습니다. 밥솥으로는 김이 모락모락 나는 흰 쌀밥을 지을 수도 있지만, 영양 만점 삼계탕을 끓일 수도, 폭신폭신한 카스텔라를 만들 수도 있습니다. 밥솥으로 어떤 요리를 만들지는 이제 여러분에게 달려 있습니다.

혹시 『Hello Coding 한입에 쏙 파이썬』을 읽고 파이썬을 더 공부해보고 싶은 마음이 생겼나요? 한빛미디어에는 여러분을 위한 다양한 책이 준비되어 있습니다. 프로그래머의 길이 궁금한 분은 『비전공자가 궁금해하는 프로그래머 첫걸음』을, 프로그래밍 기본기인

추천도서

이 책은 불가능한 일을 가능하게 했습니다. 이 책을 읽고 난 다음 수학이 즐겁고, 쉬워졌습니다.

저자 : 아디트야 바르가바 | 역자 : 김도형
출간 : 2017년 4월 | 페이지 : 328쪽

알고리즘을 공부하고 싶은 분은『Hello Coding 그림으로 개념을 이해하는 알고리즘』을 읽어보면 좋습니다.

유튜브 채널 '김왼손의 왼손코딩'은 세상에서 제일 쉬운 프로그래밍 교육을 목표로 합니다. 이 채널에서는『Hello Coding 한입에 쏙 파이썬』 동영상 강의를 포함해 다양한 파이썬 콘텐츠를 만나볼 수 있습니다. 앞으로 계속 새로운 강의도 업로드하고 라이브 방송도 진행할 예정입니다. 김왼손의 최신 소식은 인스타그램 김왼손(@lefty_khim)에서 만나볼 수 있습니다.

책을 쓰는 동안 힘들지 않았다고 하면 거짓말이겠지만, 개인적으로는 정말 즐거웠던 시간이었습니다. 여러분에게도 이 책을 읽는 시간이 즐거웠다면, 그리고 조금이라도 도움이 되었다면 정말 다행입니다. 다음에 더 좋은 기회로 또 뵈었으면 좋겠습니다. 감사합니다.

김왼손 드림

가장 마음에 와닿는 점은 비전공자인 저자가 전공자 못지 않은 개발자로 역량을 키운 부분입니다.

저자 : 코리 알트호프 | 역자 : 한선용
출간 : 2018년 1월 | 페이지 : 404쪽

연습문제 해설지

chapter 2

1. 아래 답뿐만 아니라 다양한 조합이 가능합니다.

```
+   -

-   +

*   -
```

2. //는 몫, %는 나머지를 구할 때 사용하는 연산자입니다.

```
4

1
```

3. ②는 4를, ①, ③, ④는 4.0을 출력합니다.

②

4. 11개를 3개씩 3명에게 나눠주고 남은 2개를 구하려면 %를 사용해야 합니다.

②

5. 문자열 간의 + 연산이므로 6이 아닌 '24'가 됩니다. 출력된 '24'는 숫자가 아닌 문자열입니다.

```
24
```

6. 여러 개의 문자열을 연결할 수도 있습니다.

```
abcdef
```

7. 문자열에 정수를 *하면 해당 숫자만큼 반복합니다.

④

8. 변수에 저장된 값은 바뀔 수 있습니다. 3번 라인에서 `count`에 1을 저장하므로 최종 값은 1입니다.

```
1
```

9. 변수에 저장한 문자열도 +를 사용해 다른 문자열과 연결할 수 있습니다.

```
자몽 레몬 멜론
```

10. ② 변수 이름은 숫자로 시작할 수 없고, ③ 공백을 포함할 수 없습니다.

①, ④

chapter 3

1. 1, 2, 3을 값으로 가지고 있는 리스트를 출력합니다.

```
1, 2, 3
```

2. append()는 리스트의 맨 뒤에 값을 추가합니다.

```
[]
['자몽']
['자몽', '멜론']
['자몽', '멜론', '레몬']
```

3. 인덱스는 0부터 시작하기 때문에 1번 인덱스의 **'멜론'**을 출력합니다.

```
멜론
```

4. del 키워드로 0번 인덱스의 **'자몽'**을 삭제합니다.

```
del fruits[0]
```

5. 1번 인덱스의 **'레몬'**이 **'거봉'**으로 바뀝니다.

②

6. 1번 인덱스의 3을 2로 바꾼 뒤, 3과 4를 차례로 추가합니다.

```
nums[1] = 2
nums.append(4)
```

7. 2번 인덱스도, -3번 인덱스도 모두 같은 값인 3을 가리킵니다.

```
3
3
```

8. 슬라이싱은 : 앞의 인덱스부터 뒤의 인덱스 바로 전까지의 값을 가져옵니다.

```
[1, 2, 3]
[3, 4, 5]
```

9. count()로 nums에서 1의 개수를 셉니다.

```
3
```

10. sort()는 fruits의 값을 가나다 순으로 정렬합니다.

```
sort()
```

chapter 4

1. 출력 결과에 따라 3, 1, 2를 값으로 가지는 리스트가 필요합니다.

```
[3, 1, 2]
```

2. range(2)는 0, 1을 값으로 가지는 순서열을 만듭니다.

```
0
1
```

3. for를 사용하면 print()를 한번만 사용해서 같은 결과가 나오게 할 수 있습니다.

```
for clover in clovers:
    print(clover)
```

4. range(3)으로 0, 1, 2의 순서열을 만들고 이를 인덱스로 사용하면 됩니다.

```
for i in range(3):
    print(clovers[i])
```

5. range(1, 4)로 만든 순서열의 값 1, 2, 3을 별에 곱하는 수로 사용합니다.

```
    print('*' * num)
```

6. 리스트의 값 2, 1, 3을 별에 곱하는 수로 사용합니다.

```
for num in stars:
    print('*' * num)
```

7. ①, ②, ④는 total이 6, ③은 10입니다.

③

8. for로 리스트의 모든 번호를 total에 누적한 뒤 총 개수로 나누어 평균을 구합니다.

```
for num in card_nums:
    total = total + num
print(total / 4)
```

9. for의 코드블록은 항상 들여쓰기를 해야 합니다.

③

10. 1번 인덱스의 값부터 3번 인덱스의 바로 전 값인 1, 2를 출력합니다.

```
1
2
```

chapter 5

1. 55는 13보다 작지 않기 때문에 거짓이고, 55와 13은 같지 않으므로 참입니다.

```
False
True
```

2. 문자열끼리도 비교가 가능합니다. '하트잭'과 '공작부인'은 같지 않으므로 거짓입니다.

```
False
```

3. 3번 라인이 실행 되었으므로 2번 라인의 조건은 참이어야 합니다.

```
switch == '켜짐'
```

4. 2번 라인의 조건은 거짓, 4번 라인의 조건은 참입니다.

```
괜찮은 가격이네요.
```

5. ①, ③, ④는 `False`, ②는 `True`를 출력합니다.

②

6. −9인 `input_number`는 0보다 작으므로 −1을 곱해서 9가 됩니다.

```
9
```

7. 각 메뉴에 대한 가격을 `total_price`에 전부 더합니다.

```
총 주문금액은 18500 원입니다.
```

8. 0부터 9까지 중 홀수인 1, 3, 5, 7, 9만 `odd_nums`에 저장합니다. 홀수/짝수 판별에는 %를 사용합니다.

```
num % 2 == 1
```

9. 리스트에서 가져온 값에 따라 다른 내용을 출력합니다.

```
['클로버1', '클로버2', '클로버3']
클로버1 안녕!
클로버2 반가워!
클로버3 잘가!
```

10. ①, ②는 4로 나누어 떨어지면서 100으로 나누어 떨어지지 않고, ③은 400으로 나누어 떨어집니다.

④

chapter 6

1. count가 3보다 작을 동안에만 코드블록을 반복합니다.

```
0
1
2
```

2. 2부터 출력하기 위해 일단 1로 시작하는 count를 1 증가시킵니다. 그 이후 count가 4보다 작을 동안 반복합니다.

```
count < 4
```

3. count가 5보다 작거나 같을 동안 코드블록을 반복하고 %를 이용해 count가 홀수일 때만 출력합니다.

```
1
3
5
```

4. 1부터 5까지의 총합을 구하기 위해 1씩 증가시키는 count를 sum에 차례로 더합니다.

```
    sum = sum + count
    count = count + 1
```

5. ①, ②, ④는 거북이 0, 1, 2에게, ③은 거북이 0, 1, 2, 3에게 인사합니다.

③

6. count를 3부터 1까지 거꾸로 출력하므로 반복 조건은 count가 0보다 클 동안입니다.

```
count > 0
```

7. 리스트의 모든 값을 출력하는데 필요한 인덱스는 0, 1, 2입니다.

①

8. num이 3보다 커지면 break로 반복을 종료합니다.

```
1
2
3
```

9. −1을 입력받으면 반복을 종료해야 합니다. 그러므로 반복문의 조건은 price != -1입니다.

```
price != -1
```

10. is_prime은 입력한 수의 소수 여부를 저장합니다. 2와 입력한 수 사이에 하나라도 나누어 떨어지는 수가 있다면 is_prime이 False가 됩니다.

①

chapter 7

1. 1, 2, 3을 값으로 가지고 있는 튜플을 출력합니다.

```
1, 2, 3
```

2. 튜플도 리스트와 마찬가지로 인덱스로 값을 가져올 수 있습니다.

```
(3.14, 2.71)
2.71
```

3. ①, ②, ④는 튜플, ③은 정수입니다.

③

4. range(3)으로 0, 1, 2를 값으로 가진 순서열을 만듭니다. 이를 인덱스로 튜플의 값을 출력합니다.

```
1
2
3
```

5. 여러 개의 값을 diamonds에 패킹한 후, ace, king, queen, jack에 언패킹합니다.

```
6
```

6. 빈 딕셔너리를 만든 뒤, 키와 값의 쌍을 추가합니다.

```
{'성별': '여', '나이': 13, '혈액형': 'AB'}
```

7. 앨리스의 혈액형을 가져오기 위해 **'혈액형'** 키를 사용합니다.

①

8. '나이' 키는 alice에 이미 있기 때문에 14를 저장하면 원래 값인 13이 변합니다

```
alice['나이'] = 14
```

9. alice에는 **'전화번호'** 키가 없으므로 새로 추가해야 합니다.

```
alice['전화번호'] = '010-1234-5678'
```

10. del 키워드로 **'전화번호'** 항목을 삭제합니다.

```
del alice['전화번호']
```

chapter 8

1. 함수를 만들 때는 def 키워드를 사용하고 이름으로 부릅니다.

```
이상한 나라에 오신 것을 환영합니다.
```

2. 함수를 부를 때 인수를 전달할 수 있습니다.

```
앨리스 님 이상한 나라에 오신 것을 환영합니다.
도도새 님 이상한 나라에 오신 것을 환영합니다.
```

3. 입력한 숫자만큼 별을 출력하는 함수입니다. 입력한 숫자는 num에 전달합니다.

```
def draw_stars(num)
```

4. 입력받은 두 개의 문자열을 연결해 return 키워드로 돌려줍니다.

```
    return str1 + str2
```

5. 두 개의 정수를 뺀 값과 나눈 값을 return 키워드로 돌려줍니다.

```
def sub_div(num1, num2):
    return num1 - num2, num1 / num2
```

6. 입력한 수만큼 판결을 내리기 위해 for와 range()를 사용합니다.

```
    for n in range(num)
        print(name, n + 1, '유죄!')
```

7. random.choice()를 사용하기 위해서는 random 모듈을 import 해야 합니다.

```
import random
```

8. 중복되지 않는 카드 두 장을 뽑으려면 random.sample()를 사용하면 됩니다.

```
random.sample(clovers, 2)
```

9. ①, ②, ③은 값의 범위가 1~3이지만 ④는 1~4입니다.

```
④
```

10. 실행할 때마다 다른 조합의 인디언식 이름이 생성됩니다.

```
당신의 인디언식 이름은 용감한 늑대의 노래 입니다.
```